Får man skämta om allt?

Mathie Martinez   Johan Swärd   Jimmy Woolke

Tack För Kaffet

Shoblainx

Illustration framsida: **Jimi Åkesson, LuckyLandTattoo.se**
Transkription: **Max Pettersson**

Förlag och tryck: BoD

ISBN: 978-91-7699-023-0

Innehållsförteckning

Förord.

örst podcastpratare och nu författare. Om man nu kan säga att vi författat den här boken. Det här har ju faktiskt inte gjorts tidigare. Inte på svenska i alla fall. Det du håller i just nu är alltså Tack För Kaffet Podcasts första litterära verk och världens första svenska utgivna podcastlitteratur.

Så vad kan man förvänta sig av denna bok? Skratt? Tårar?
Det är mer tänkt att du ska få samma känsla som om du lyssnade på ett avsnitt av vår podcast. Det göttigaste från podden i textform helt enkelt. Det här är något mellan en dassbok och valfri roman under 200 sidor, en riktig bok som alla ska kunna orka läsa.

Om man undrar över titeln och vad i helvete den betyder så är svaret lite oklart. Shoblainx(uttalas tjoblänjks) myntades av Johan i podden och har används flitigt sedan dess. Ingen av oss har en aning om vad det betyder mer än att det ersatt ord som "sådärja!", "vips!", "oj!" och "hallå!". Ibland samtidigt.

En del av arbetet med denna bok var att vi fick ge ett flertal timmar med inspelat podcastprat till en professionell transkriberare.
Max, som han heter, fick sedan lyssna igenom allt och skriva ner vem av oss som rakade pungen senast, hemskheter om djur, skador och barn.
"Det var fullkomligt odrägligt att lyssna på er stundvis", sa han.
Det tycker vi är helt fantastiskt kul. Vissa forskar kring cancer och andra skämtar om det.

Låt boken utvisa vem du är.

Gymmet.

Johan: Jag har ju tränat så här dyngtidigt nu den här veckan.

Woolke: Det är inte rätt riktigt känner jag.

Johan: Kvart över sex på morgonen så har jag vart nere på gymmet och kört till kvart över sju. Det gillar inte kroppen. Kroppen säger nej har jag märkt. Efter jag tränat, då är jag pigg, men jag mår illa i typ fem timmar efteråt och är dålig i magen.

Woolke: Nä, jag tror det är din kropp Johan, som säger: "Är du helt dum i huvet', vad fan drar du upp mig sex på morgonen då ska du fan få smaka på den här illamåendet i fem timmar om du gör det igen!" [skratt]

Mathie: Centralen i kroppen säger, "Illamående på.. NU! Så ska han fan få den jäveln!"

Johan: Ja, det är sjukt.

Woolke: Nä det här att träna på morgonen det känns jävligt svårt och typ gå en promenad, det är en sak, men att styrketräna det skulle kännas som att man bara kan prestera till hälften typ, eller?

Johan: Men det roligaste av allt är att jag inte är den första som kommer till gymmet!

Woolke: Vad är det för folk som är där? Det undrar jag också.

Johan: Det är folk som tränar och det är folk som typ går därifrån och har duschat och grejer.

Mathie: Mmm.

Johan: ..och typ har tränat klart när jag kommer.

Mathie: Nattrunkare känner jag att det handlar om.

Johan: Jag känner mig att, jag är sen. Alltså jag är den som typ, sovit lite för länge. Gubbarna på gymmet bara "Åh fan ä' du trött idag Johan eller? Ä' han trött eller?"

Mathie: Medan de själva bara "Jag har ju tränat i en och en halv timme idag jag. Gick upp halv tre och körde!"

Johan: Alltså, man kan ju inte träna tidigare än kvart över sex känner jag.

Mathie: Nej.

Johan: Man kan ju säga i alla fall att man tränar minst i fyrtiofem minuter eller?

Woolke: Ja det tycker jag. Det är rimligt.

Johan: Den här personen har ju duschat och tränat. Så fyrtiofem minuter alltså, halv sex.. Åååååh! Sen duschat i en kvart, tjugo minuter så han kom ju dit kvart över fem. Idiotjävel..

[skratt]

Mathie: Ja fy fan, usch!

Johan: Många gånger i veckan så är det ju att man har det här problemet att man precis kommit hem ifrån jobbet och så sitter döende. Så ska man ner och träna. Man börjar prata med sig själv:

> *- Nä jag orkar inte ner och träna, jag orkar inte.*
> *- Men jo kom igen nu, kör nu för fan!*
> *- Åh, jag orkar inte!*
> *- Jo kom igen nu! Kör för fan!*

Så håller man på så i en timme ungefär. Alltså på morgonen hinner ju inte kroppen tänka.. "Öh. vad är det här för nånting!?" Och så börjar man cykla och grejer. Jag cyklar ju ner till gymmet också. Man bara "Fan vad det är mörkt ute, vad fan händer!"

[skratt]

Johan: Det är många gånger alltså jag är så trött när jag cyklar iväg, så det är många gånger jag känner att, vad är klockan egentligen?

[skratt]

Johan: Är klockan, åtta på kvällen?!

Mathie: Har jag sovit nåt?

[skratt]

Woolke: Vart är jag? Vem är jag!

Johan: Ja! Det är så sjukt alltså.. Alltså jag är så borta i huvet' och sen så ser jag mig i spegeln när jag kommer ner till gymmet.. "Åh JÄÄVLAR vad trött han såg ut!" säger jag till mig själv.

Woolke: Men det är lite så här. Människor, de som är hurtiga och ska träna innan jobbet och det gör det genom att de cyklar till jobbet i hundranittio med jätteflashig utrustning och grejer.. och kommer och drar cykeln på axeln och springer upp för trapporna och grejer..

Johan: Är illröda på kinderna. Flåsandes, "Åh shit!"

Woolke: När man kommer till jobbet och frågar

> *- Har du vart här länge eller?*
> *- Jaja jag cyklade hit, jag la en dusch här och har käkat frukost här och bla bla bla...*

Johan: Jag var med om en märklig händelse i morse när jag var nere på gymmet faktiskt. Jag hamnade i en diskussion, eller i en dispyt med en gammal kärring klockan 6 på morgonen..

Mathie: Vem som hade störst biceps eller?

Johan: Nej jag är helt seriös, jag var nära på att dra till henne alltså. Så tidigt var det på morgonen. Vad fan står du här och tjafsar med mig för ditt vidriga helvete? Gå härifrån! Precis när man har gått upp så kanske man vill kolla lite nyheter och kolla runt på allt skit som finns på internet och så här. Man sitter med sin telefon när man har kört mellan övningarna. Då sitter jag och kör en sån där jävla benövning med en maskinjävel. Sen sitter jag där och ska vila, flippar lite med telefonen. Då kommer det där vidriga ludret fram och så säger hon "Är du snäll och flyttar på dig så jag kommer fram?" Jag tänkte, är det här sant eller drömmer jag fortfarande? Jag tittade åt sidan och svarade, "Vadå ska jag flytta på nånting eller?" Jag tänkte om jag hade missuppfattat hela situationen, och jag såg på henne att hon var irriterad, pupillerna var lite svarta och hetsiga!

Mathie: Hon ville ha ett otrevligt svar.

Johan: Ja.. Och jag såg på henne, hon var ful, dålig andedräkt, och så där vidrigt rödhårig var hon. Kort och byxorna var ända upp i armvecken så man såg hela musen och alltihop.

Mathie: Köttigt, en köttig jävel.

Johan: Ja! Man såg..

Mathie: ..en medicinboll i fittan?

Johan: Ja, nåt stort som hängde mellan benen på henne. "Vad är det du vill att jag ska flytta på?" tänkte jag. "Jag ska ha maskinen..", svarade hon "Men jag sitter ju här och kör, jag har en gång kvar.." sa jag då. Det var då jag kände att nu är hon på hugget här, hon vill fajtas. Då tänkte jag, nu drar jag till henne snart!

Johan: "Nä, jag har en kvar!" Och då räcker hon upp sin äckliga hand, och petar hon typ på min mobiltelefon.. "Nä men du håller ju på med den här!" Och då hörde jag att hon börja skaka på rösten.

Mathie: Hetsigt..

Johan: Nu har hon stått och irriterat sig av nån konstig anledning klockan 6 på morgonen på ett gym! Och jag blev irriterad och sa

> - *Men snälla du är det här din maskin eller vadå? Står ditt namn på den här maskinen eller?*
> - *Nej men jag har rätt att säga precis vad jag vill.*
> - *Ja absolut, och det har jag med, så stick härifrån!*

Så pekar jag bort, "Gå!" "Nej jag.." "Tyst! Gå sa jag! Gå!!!" Och så ställde hon sig lite längre bort och glodde på mig! "Hade du nåt mer att säga eller? Bara så du vet, jag har fyra gånger kvar på den här övningen. Stick!"

[skratt]

Mathie: Sur!

Johan: Jag var så jävla förbannad! Jag tänkte vad är det för fel på dig din dumma jävel! Varför går du inte bara fram och säger, "Är det okej om jag kör emellan här eller bara har du många kvar?" eller vad som helst! Man går inte fram med den attityden och på det sättet hon gör för det gjorde mig så fruktansvärt förbannad och jag blev så irriterad på henne! Imorgon när jag ser henne ska jag fan strypa henne.

[skratt]

Mathie: Är hon fit eller?

Johan: Fit?!

[skratt]

Johan: Jävla fitta är vad hon är! Fan, usch! Och så ställer hon sig och glor på mig! "Jag har rätt att säga vad jag.." Din fula jävla äckliga kärringjävel!

Woolke: Jag tycker hon har helt rätt.

[skratt]

Johan: Det var ju så tidigt på morgonen så man reagerar ju kanske jävligt konstigt när man är neandertalare. Jag såg för övrigt en annan gammal tant som böjde sig framåt häromdan på gymmet.

Woolke: Okej..

Mathie: Såg du hela soluppgången då eller?

Johan: Jag såg konturen på varenda hemorrojd hon hade i röven.

[skratt]

Mathie: Du kunde se hur många barn hon har fött!

Johan: Man såg allt! Varför har man så tajta cykelbyxor för när man har så mycket hemorrojder i rövhålet?

Mathie: Jävlar..

Johan: Det var bland det vidrigaste jag har sett. Någonsin..

Mathie: Stirr-Johan eller?

Johan: Jag tittade ju inte för länge i alla fall..

Mathie: Det gjorde du visst..

Johan: Nä, jag sneglade bara typ. "Oj!"

Morgonhumör.

Woolke: Men är det så för er att ni har dåligt morgonhumör ?

Johan: Nä, det är inte alltid man har det, men däremot så kan det vända så jävla snabbt.

Mathie: Ja jag förstår exakt vad du menar! Morgonen flyter på, men sen så är det nånting som fuckar upp..

Johan: Precis!

Mathie: Då flyger en dörr nånstans.

Johan: Jag tycker det är jättemärkligt, men man har ingen kontroll över såna där känslor. Men oftast så är jag inte grinig på morgonen..

Mathie: Jag går alltid runt och visslar och är jätteglad på morgonen.

Johan: Mathie vaknar och steppar.

Mathie: Mmm, Sound of Music kommer igång och jag blir glad bara jag vaknar upp. Åh! Äntligen en ny morgon!

Woolke: Fast jag har hört annat om dig Mathie..

Mathie: Ja, fast du kan ju inte lyssna på vad min tjej säger.

Woolke: Jo, hon säger ju att om hon smaskar vid frukostbordet så blir du irriterad. Om hon gör lite för mycket ljud..

Mathie: Jesus skulle kunna återuppstå och smaska bredvid mig och jag skulle slå in tänderna på han..

[skratt]

Johan: Det är det jag menar, alltså det är de här smågrejerna man kan störa sig på såna saker som man egentligen inte vanligtvis skulle göra om det hade varit några timmar senare på dagen. Är du grinig på morgonen Woolke? Jag kan tänka mig att skenet bedrar. Han låter jävligt mysig och trevlig men på morgonen är han en jävla kuk. Fy fan!

Mathie: Han är mer som en 7 åring. Gryr runt i täcket, "Jag vill sova lite till.."

[skratt]

Johan: Nej det är inte så! Har han ställt klockan 06 då går han upp klockan 06. Han ska ha sitt kaffe 06:05.

Mathie: Vem är mest nära sanningen Woolke?

[skratt]

Woolke: Innan jag lägger mig varje kväll tänker jag, "nu ska jag gå upp när klockan ringer så jag kan komma i tid i lugn och ro och inte behöva springa till bussen."

Sen ringer klockan den tiden och då händer nåt i huvet, då tänker jag, "nä men det är ingen fara, jag sover en kvart till.."

Johan: Sen så blir man irriterad på sig själv.

Woolke: Ja. Är det någon jag är irriterad på så är det mig själv. En ständig besvikelse på mig själv hela tiden.

[skratt]

Woolke: Vilket jävla dumhuvud, sån jävla idiot! "Varför gör du så här hela tiden!?" I morse var det stressigt, och då tappade jag bort telefonen. Då blev jag jätteirriterad. Min tjej var inte hemma för jag ville säga till henne att ringa upp, så jag får höra var jag har lagt telefonen. Men nu kunde jag ju inte göra det!

Mathie: Åh vad jobbigt.

Woolke: Så har jag lagt den på nån hylla i garderoben. Okej?

Johan: Ja varför ligger den där för?

Mathie: Åh vad störigt när den ligger på konstiga ställen.

Johan: Ja. Det är det värsta som finns, gå runt och leta på morgonen. Alltså alla säger det men..

Mathie: Nycklarna är poppis!

Johan: Fy fan! Det är då.. Det är typ de enda gångerna när jag börjar prata med mig själv..

[skratt]

Woolke: Ja det gör jag med!

Johan: På riktigt, verkligen svär och typ så här, "Ska det va så jävla svårt att hitta de här jävla äckliga fittnycklarna! Ska det va så jävla svårt! Vart är du! Vart är du?!"

[skratt]

Woolke: Jag sa till telefonen när den var borta"Hur fan är det möjligt? Vad är problemet?"

Johan: Precis! Ja exakt så sa jag också. Vad är problemet! Varför hittar jag inte nycklarna för?! Går runt och har en märklig diskussion och ställer frågor till mig själv.

Mathie: Man blir det när man blir förbannad, varför stänger hjärnan av sig när jag lägger telefonen här för? Kan inte hjärnan förstå att där var telefonen, den som du håller så kär.. Dumhuvud! Nä fy fan.

Tvillingar.

Woolke: Det här med tvillingar och föräldrars grej med att klä tvillingar likadant. Varför gör de det?

Mathie: Usch!

Woolke: Det är jättekonstigt! För en månad sen ungefär var jag inne på Nordstan här i Göteborg, och så möter jag två kärringar i femtioårsåldern skulle jag gissa på.. Som uppenbart var tvillingar eller syskon i alla fall och väldigt lika varann. De klädde sig exakt likadant, hade samma håruppsättning och allting. Det var inget maskeradtema på de eller nånting sånt. De var vanligt klädda och hade identiska kläder och samma hår, och smink och allting... Det är ju sjukt.

Mathie: Det är nånting som har levt kvar hela livet det.

Woolke: Sen tänker jag att om man nu gör det på sina ungar, det måste va så opraktiskt.. Vem är vem?

[skratt]

Mathie: Har ni några polare som är enäggstvillingar som man inte kan se skillnad på?

Woolke: Nej.

Johan: Ja.

Mathie: Har du det?

Johan: Nej inte enäggs men det finns ju, vad heter det andra? Det finns ju olika tvillingar.

Mathie: Tvåäggstvillingar heter det då.

Woolke: Hela det fenomenet är ju rätt sjukt med enäggstvillingar och allting att två människor ser nästan identiska ut. Det är ju rätt sjukt.

Mathie: Mmm.. Men de är väl olika i psyket tror jag?

Woolke: Nej Mathie. De är exakt likadana. Idiot.

Mathie: Nej men jag menar att de beter ju sig aldrig samma, eller lika.

Woolke: Nej, alltså det, nej precis. Har nån en kriminell kompis och den andra en kristen så lär de skilja sig lite...

Mathie: Ja precis det handlar om vilken gemenskap de hänger i... eller hamnar med.

Woolke: Det känns som att tvillingpar skulle kunna bli såna som bor i samma lägenhet hela livet ut.

Johan: Ja de bor ihop ja!

Woolke: Ja...

Mathie: Gör de det?

Johan: Sen ligger de med samma kille, de lurar honom. "Jag drog över din pojkvän i natt, han såg ingen skillnad."

Mathie: Sen gjorde de highfive för de bryr sig inte.

Johan: Nä precis, fan vad gött! Då har jag också legat med honom för vi känner ju samma sak du och jag, vi kan ju såhär genom telepati bara överföra.. sjukdomar...

Mathie: Jag är inne på en Facebookgrupp som heter "Svenska tvillingregistret". *Svenska tvillingregistret har funnits länge vilket betyder att vi har mycket att rapportera, disskutera och berätta. Vi vill gärna höra vad du tycker...* Vadå, vad jag tycker om registret eller?

Woolke: Ja vad finns det att diskutera?

Mathie: Ja...

Johan: Vilket jävla register?

Mathie: Ja det är typ," hej vi har fått frågan angående ärftlighet när det gäller tvillingfödslar och grejjer..." Det är stor chans att jag får tvillingar när jag får barn!

Johan: Varför då?

Mathie: Jag har skitmånga i släkten som är tvillingar!

Johan: Skitmånga?

Mathie: Tre stycken.

Johan: Ja men det är rätt många. Hur nära släkt är det?

Mathie: Farsans brors barn..

Woolke: Kusinerna alltså.

Mathie: Ja kusiner är det ja. På båda sidor. Två på ena, några är tjugo och några är typ tre år.

Woolke: Jag tänker så här, om ni skulle få enäggstvillingar nu. Skulle ni försöka göra saker för att de skulle bli så olika som möjligt, med flit? Eller hur tänker man där?

Johan: Jag vette fan alltså.

Mathie: Försöka ge de varsin personlighet kanske... Alltså inte behandla de som en person utan behandla de som två personer!

Johan: Men det är väl det som kanske är svårt att just göra med tvillingar för de verkligen tyr sig till varandra på ett speciellt sätt som inte typ, vanliga syskon gör. De föds ju upp i exakt samma ålder, så att allting de genomgår, genomgår de ju samtidigt. Är du med?

Mathie: Det kan nog även bli en tävling tror jag, att de... "Ja du vet att jag gick först i alla fall, av oss!"

Johan: Nä det gjorde du inte...

Mathie: Nä det gjorde jag inte...

Johan: Vi gick samtidigt.

Woolke: Då får genast den andra dåligt självförtroende och blir suicidal. Kan det vara så att om den ena av de här tvillingarna får ta all skäll ifrån föräldrarna hela tiden, och den andra lyckas slinka undan. Blir den ena en argsint person och den andra en lycklig person?

Mathie: Det vore ett roligt experiment att prova. Dr. Mengele var ju rätt fascinerad av tvillingar.

Woolke: Lite fakta om tvillingar då. Jag har en frågor-och-svar-grej här.

Mathie: Ja!

Woolke: *Har enäggstvillingar identiska gener,* vad tror ni där?

Johan: Nä, det har de inte.

Woolke: *Jo, det har de. Är det ärftligt att få enäggstvillingar?*

Johan: Ja, enligt Mathie så är det ju det.

Woolke: *Ja, mer än dubbelt så stor chans att själva födda enäggstvillingar. Kan enäggstvillingar skylla fingeravtryck på varann?*

Mathie: Nej, det är inte samma.

Woolke: *Nej, de har inte identiska fingeravtryck.* Varför inte det egentligen?

Mathie: Fingeravtryck är ju väldigt olika.

Woolke: Jo det är klart.

Johan: Jag tror inte du kommer få ett vettigt svar från Mathie, Woolke.

~ Fantastiskt Fakta ~
Mathie har sett den amerikanska serien
The Office säsong 1-6 över 20 gånger.
Han har fortfarande inte sett de tre sista säsongerna.

Dödsängeln.

Woolke: Har enäggstvillingar någon telepatisk kontakt med varann?

Mathie: Ja, det har de. Det var ju det Joseph Mengele gjorde. Han satte en tvilling i ett rum och en tvilling i ett annat rum och så skar han av fingret på av ena och kolla om den andra reagera.

Woolke: Fräscht...

Mathie: Jag tror att han hade reagerat ifall han suttit i samma rum kan jag säga! Här är nånting.. *Dödsängeln utförde medicinska experiment i Auschwitz*, ingenting där låter trevligt.

Woolke: Nä haha.

Mathie: *Dödsängel, medicinska experiment, Auschwitz. De som var värst drabbade var unga enäggstvillingar som fått lida genom Mengeles absurda, hemska experiment. Några andra olyckliga genetiska under var kortväxta, eller så kallade dvärgar. Mengele sökte efter hemligheten med ärftlighet och trodde tvillingar var nyckeln till detta. Mengele hade SS-soldater i uppgift att hitta långväxta och kortväxta men framför allt tvillingar, så när tåg kom in till Auschwitz och SS skrek "Zwillinge!" som betyder tvillingar, så var föräldrarna tvungna att ta snabba beslut om de skulle gömma eller ge tvillingarna. Vilket var det rätta valet?* Va?

Woolke: Om det hemska nu ändå kommer hända kanske man ska chansa och säga att man har tvillingar. Då kanske man får bo i lyx? Eller så åker man rätt in i gaskammaren. Svårt och veta hur de här SS-soldaterna tänker. "Va? Har du ont i örat? Okej, då skjuter vi huvudet av dig. Har dina barn rött rövhår? Okej, då går du fri."

[skratt]

Mathie: Vet föräldrar att barnen har rött rövhår, då är det otäckt.

[skratt]

Mathie: *Mengele bytte ut stora mängder blod med ena tvillingen till den andra för att kolla om de överlevde.*

Woolke: Vad gjorde han med de kortväxta? Tror ni han satte in de i skruvstäd och bara drog isär eller vad gjorde han med de?

Mathie: Ja det vet jag faktiskt inte. Men det var ju det här med ärftlighet han försökte... Det var nån i texten som berätta att "Mengele kom oftast med godis i fickorna" och att några barn kallade honom för "farbror Mengle."

Johan: Nu kommer lilla farbror Mengele här.

Mathie: Nu kommer han som alltid skojar med oss tvillingar. Och skrattar åt dvärgar.

[skratt]

Mathie: Han flydde till Sydamerika, och han levde på flykt. Han var jagad ganska mycket.

Johan: Konstigt.

Mathie: Ja. Han ser ut som en amerikansk presidentkandidat.

Johan: Ja, han ser ut som JF Kennedy.

Mathie: 79' dog han. Han levde på flykt i 34 år. Kul liv! Men jag tror faktiskt, när amerikanerna mosade in i Berlin och tog över hela skiten där.. De kan ju inte bara ha bränt upp papperna som Mengele hade. De måste ju ha använt det i medicinsk forskning. Tror ni inte det?

Johan: "Okej, då vet vi det nu grabbar.. Även fast vi särar på de här två tvillingarna och skär av fingret här nu på ena så kommer inte den andra drabbas..." Bra fakta.

Mathie: Ja precis. Han hade de även i frysrum och kollade hur mycket kyla de klarade av tills de dog, och hur länge de kunde vara utan vatten, utan mat och så där.

Johan: Fy fan...

Mathie: Han körde massa såna grejer.

Woolke: Om man ändå var en helt så här, en människa utan nån form av empati eller nånting så kanske.. Ganska kul jobb att bara testa vad man vill på? Utan samvete.

Johan: Han hade 30-talet eller 40-talets bästa jobb.

Woolke: Ja, om man ändå har den sjuka hjärnan att man inte känner nån ånger eller nånting då måste det ändå va rätt bra menar jag.

Mathie: Alltså det går ju inte, hur du än vänder det Woolke.

Johan: Jag känner också det! Jag tror fan att han hade bra jobb alltså!

Twitter.

Woolke: Twitter har börjat bli den vidrigaste samlingen av människor på en och samma plats.

Mathie: Varför då?

Woolke: För att twittermänniskor, det känns som att de tror att de har nån viktig roll i samhället för att de hänger på Twitter. Jag tycker Instagram skiljer sig därifrån väldigt mycket. Man tar det lite mer som det kommer på Instagram känns det som. Twitter kan vara så väldigt allvarligt, det ska va politiska skämt och vem kan kamma hem bäst poäng. Det ska va lite debatter och massa jävla tyckare överallt också. Speciellt inom politik är det väldigt roligt. Då ska ju nån va där väldigt fort och dra nån typ av punchline på det som hände.

Mathie: Jag kan inte säga nånting för jag har själv gjort så där, och det är ju för att få följare man gör så.

Woolke: Jo men det är inte riktigt det jag är inne på. Det är att vissa personer på Twitter som har, alltså de tror att de gör.. Nu pratar jag inte egentligen om att vinna poäng i skämt utan det är mer så här politiska skämt. De ska visa vart de står politiskt sett, vad de tycker är fel. De ska visa att de inte tycker om SD minsann och få jättemånga att "åh vad bra skrivet, gud! Det där var roligt, haha där fick de!" Det är mycket sånt där hela tiden.

Mathie: Vet du vilken den vanligaste kängan är?

Woolke: Nej!

Mathie: "Hur var det nu Jimmie Åkesson, ska vi slänga ut alla invandrare eller?" med "#Zlatan". Den är vanlig.

Woolke: Det är ju så jävla störande tycker jag.

Mathie: Jag tror faktiskt inte att Twitter har fått sin peak i Sverige än.

Woolke: Äh. Jag orkar inte titta på det längre ens, för det känns som att det inte handlar om att man ska dra skämt och vem som är roligast. Det är vem som kan dra ett skämt och samtidigt göra nån politisk ståndpunkt ungefär.

Johan: Har du skrivit nåt roligt sånt där då?

Woolke: Nä.

Mathie: Vi kan gå igenom Woolkes senaste tweets här bara.

Johan: Mmm.

Woolke: Jag kan ju även spy.. Får jag även säga det, jag spyr över mig själv också där. Jag hindrar mig själv ibland, aldrig för att jag tänkt skriva nåt så här politiskt, men jag bara känner att nu har jag suttit och tänkt på det för länge, att det är nästan vidrigt och skicka ut den här tweeten nu.

Mathie: Mmm. Sluta fördröj!

[skratt]

Mathie: Fjortonde november.

"Sitter ensam i personalrummet med tolvåriga praktikanter. Jävligt stel stämning, hur går tugget i den åldern?"

Woolke: Du ser, där försöker jag va lite rolig och jag kan nog först... Det är lite äckligt är det.

Mathie: Nej det är det inte! För du använder inga hashtags, då är det inte äckligt för du utnyttjar ingenting. Utan det, det var bra gjort tyckte jag. Här däremot vet jag inte.

"Det borde finnas 'är du säker på att du vill gilla detta?' på Facebook eller Instagram. Många gånger har jag råkat slinta med fingret på gillaknappen."

Woolke: Det låter jävligt gammalt.

Mathie: Ja jag vet inte.

Woolke: Men det blev många retweets på den konstigt nog ändå.

Mathie: Blev det?

Woolke: Ja.

Mathie: Det här förstod jag inte.

"Rihanna och hennes jävla jointbilder, en kvinnlig svart version av Vanilla Ice."

Woolke: Jag ska förklara den. Om man tittar på Instagram på Rihanna så vid varenda bild så sitter hon med en joint i mun och med sin thuglife tatuering, jag vet inte vad som har hänt med henne.

Mathie: Vart har hon den nånstans?

Woolke: Hon är häftig i alla fall. På knogarna Mathie.

Mathie: Nej.

Woolke: Jo.

Mathie: Nä, fy fan Rihanna.

Woolke: Ja, och det stör jag mig på väldigt mycket. Det jag syftade på var ju sen att Vanilla Ice försökte också vara en tuff men misslyckades.

Behåring.

Mathie: Vad tycker ni om tjejer med hår under armarna?
Johan: Vidrigt! Riktigt vidrigt!
Woolke: Ja, jag tycker det. Det är skit samma vart det kommer ifrån, förtryck eller ståndpunkt. Det är fortfarande äckligt.
Johan: Jag säger inte det att det är enbart på tjejer det är vidrigt, jag tycker även att alla människor som går runt med mycket armhår under armarna... Ta bort det!
Woolke: Jag har hår under armarna och börjar känna mig äcklig till och med.
Johan: Du har säkert sjukt mycket pubishår också.
Woolke: Amen äh..
Johan: Jävla äckel! Faan! Usch!
Woolke: Titta. Evil-Johan.
[skratt]
Mathie: Johans handduk när han duschar är bara silvertejp som drar av bara.
Johan: Nä fy fan alltså det är vidrigt med hår.
Woolke: Jag är kluven ska jag säga inför det här med..
Johan: Vadå kluven! Det är bara att ta bort!
Woolke: Ja okej. Men Mathie du har ju fan skägg i hela ansiktet.
Mathie: Jag har inte skägg på kuken.
Johan: Du måste ha så mycket...
Woolke: Vem har sagt att jag har skägg på kuken!
Johan: Du måste ha sjukt mycket pubishår.
Mathie: Nä men jag har ju inte så här mycket hår på kuken.
[skratt]
Johan: Jo det måste du ha.
Mathie: Jag är där och ansar.
[skratt]
Johan: Klipper du dina pubishår?
Mathie: Nej jag har ju trimmer till det för fan.
[skratt]
Johan: Du trimmar pubishåren?
Mathie: Vad ska jag göra då!? Rakpermanenta pubishåren?
Johan: Sätter du på en sån där längd och sen bara, "Tre centimeter långt ska det va" och så kör du ett varv? Hur i helvete gör du på pungen då? Du måste ju köra sönder alltihop.
Mathie: Nej men pungen rakar man ju, man trimmar ju ovanför bara.
[skratt]

Johan: Hur ser det ut!

Mathie: Va?

[skratt]

Johan: Hur ser det ut? Har du en snabel med jättetätt hår över? Usch!

Mathie: Nä, men skulle jag raka ovanför kuken också så skulle det se fucked up ut för jag har lite hårig mage. Så jag har ju jättekort ovanför ballen och rakat helt under.

Johan: Det är ju sjukt. Ta bort det!

[skratt]

Mathie: Så jag ska raka helt runt så det ser ut som en kal fläck på min håriga kropp?

Johan: En rund cirkel!

Mathie: Så man kan man sätta klistermärken där.

Johan: Och Woolke. Ta bort du med!

Woolke: Men Johan du har ingen aning om mitt kön...

Johan: Hur ser det ut i rövhålet nu då?

Woolke: Rövhålet, det växer mycket hår där Johan.

[skratt]

Woolke: Nej men Johan.. Du kan ju inte ta för givet att det är så vanligt att killar rakar rövhålet.

Johan: Nähä. Torkar du dig med vatten och papper när du har skitit?

Woolke: Ja men!

Johan: Gör du det?

Woolke: Det fastnar bajs i håret så det bara tvinnar sig..

[skratt]

Johan: Lugn, lugn! Du måste raka dig i rövhålet, det lär ju lukta skit i röven på dig!

Woolke: Nä men Johan. Hur ser det ut när du rakar rövhålet?

[skratt]

Johan: Det är bara in med rakhyveln, kör! Kör bort allt, det ska va kliniskt. Bort med hår, det är fan vidrigt så in i helvete!

Mathie: Har du nåt speciellt lödder till röven?

[skratt]

Johan: Nä det skiter jag i.

Mathie: Du bara "Gumman! Var är mitt röv-lödder?"

Johan: Nej, nej men bort med det bara.. Fan vad vidrigt! Rövhår är ju ännu snuskigare!

Woolke: Ja okej?

Johan: Så du menar Ibland rakar du dig, eller?

Woolke: Inte rövhålet Johan. Jag har aldrig rakat rövhålet.

Johan: Nej precis, då är pungen och kuken rakade och sen hela röven fullt med hår.

Woolke: Nä, men så mycket hår har jag ju inte. Mathie i röven däremot..

Johan: Precis! Mathie..

[skratt]

Johan: Du får ju plocka ut bajskorvarna, du måste ju ha så sjukt mycket hår!

Mathie: Ja, jag behöver inte torka mig längre. Det är löser sig självt.

Johan: Du behöver inte ens ha kallingar på dig.

[skratt]

Johan: Du kan raka kallingar, du rakar bara bort hår på benet så ser det ut som du har shorts!

Mathie: Jag behöver inga kallingar för att dölja könet.

Johan: Nä för det är shorts du har! Jävla pubishår..

[skratt]

Woolke: Om vi pratar raka oss under armarna, gör du det Mathie?

Mathie: Mmm..

Johan: Ja där ska du raka dig.

Woolke: Då är jag den enda killen i hela världen som inte gör det menar ni?

Mathie: Nej men jag rakar inte med hyvel. Jag trimmar det med.

Johan: Trimmar du under armarna?!

Mathie: Ja, jag har så känsliga armhålor, jag kan inte raka med hyvel. Fan vad det skulle klia då.

Johan: Nej bort med skiten.

Woolke: Men det ser väl lite, alltså...

Mathie: Men kolla hur Johan ser ut, han ser ut som en proffssimmare för fan.

[skratt]

Mathie: Johan glider genom vattnet, det syns ju inte ens när Johan simmar.

[skratt]

Woolke: Du bara flyter!

Johan: Jag behöver inte ens ta simtag, jag bara flyter fram!

Mathie: Du kör på ytspänningen som såna där jävla myggor.

Johan: Ja precis!

[skratt]

Woolke: Men okej, jag tror att hälften av alla killar rakar sig under armarna, 50-50 där. Rövhålet det är ju en på en miljon som rakar sig i rövhålet.

Johan: Nä! Absolut inte.

Woolke: Jo, det tror jag det är!

Johan: Aldrig!

Woolke: Jag tror det är riktigt ovanligt!

Mathie: Ja, nä jag tror inte det är vanligt faktiskt.

Johan: Nej nej okej, men lukta skit och bajs i hela röven efter ni har skitit..

[skratt]

Johan: Du kan ju inte få bort allting med papper när du har så mycket hår i rövhålet.

Woolke: Men däremot, raka könet. Där kör jag hyvel, en gul sån här BIC hyvel bara så man skär upp halva pungen.

Mathie: Åh, då har du ju ingen kuk kvar för fan!

Woolke: Det är ingen Mach-3 det är det inte.

Johan: Vet du vad jag har tänkt på, när man rakar ballen. Tänk om man råkar bara dra, dra hyveln lite för långt och så råkar man skala lite på ollonet.

Johan: Det är sån vidrig känsla! Eller att man råkar ta hyveln där och så snittar man bara en gång. Fy fan vad ont det gör! Jag får rysningar i hela mig. Jag vet inte varför jag har det i huvudet, men...

Woolke: Det är rätt kul för i början när man raka, speciellt pungen, då var man väldigt rädd för att va där med en hyvel och skära upp den. Men nu blir man mer och mer vågad och bara kör, det kan hända vad som helst, fast det händer inget.

Mathie: Ja fy faan.

Johan: Det händer ju nån gång att man skär sig i rövhålet. Ni kan ju förstå, för man ser ju ingenting där.

Mathie: Det kan jag förstå!

Woolke: När du ligger på rygg och bänder över benen och skär i rövhålet.

Johan: Ja just det!

Mathie: Bajs och blod på toapappret.

[skratt]

Mathie: Då är det illa...

Johan: Nej, fy fan.

Mathie: Jag vill ha en bild på Johan när han rakar rövhålet.

Johan: Nästa gång vi badar Woolke, så ska vi klä av oss nakna och då ska Mathie titta in i ditt rövhår och i mitt rövhår, och känna, och bara titta "vad ser fräschast ut?"

[skratt]

Johan: Ett bajsigt rövhål eller ett mjukt och fint rövhål.

Mathie: När man häller vatten på Johans rövhål så är det som vatten på en gås, det bara rinner av.

[skratt]

Mathie: Vem av oss rakade pungen senast?

Woolke: Ja..

Mathie: Av dig och mig Woolke.

Woolke: Av dig och mig?

Mathie: Ja, för det är obvious att Johan gjorde det för en timme sen..

[skratt]

Woolke: Innan han gick och tränade för två timmar sen.

Mathie: 20 minuter innan vi spelar in har du en rakad pung.

Woolke: Jag tar hem det. Två dagar sen!

Mathie: Oj.. Okej.

Johan: Det är skäggstubb på pungen alltså.

Woolke: Det är... Vi ska se det. Nä, men det är så här fint så.

Johan: Får jag se en gång?

Woolke: Vill du se mitt könshår?

Johan: Ja.

Woolke: Ja, vänta då.

Mathie: Det här är otäckt..

Johan: Vi kommer inte ens kunna se nånting.

Mathie: Nä..

Johan: Va fan, har du rött pubishår?

Woolke: Käften! Det är inte rött!

[skratt]

Mathie: Sen så lindar du det runt fingret också.

Johan: Varför är du rödhårig för?

[skratt]

Woolke: Mathie! Hur ser det ut för dig?

Mathie: Nä men det är ganska lugnt faktiskt, jag rakar pungen.. Försöker hålla det nere.

Woolke: Fast nu var det ett tag sen!

Mathie: Nä, jag trimmar mest.

Johan: Hur trimmar du pungen? Det måste göra fruktansvärt ont.

Mathie: Det beror på om jag använder en häcktrimmer eller om jag använder en vanlig hårtrimmer.

[skratt]

Johan: Men en hårtrimmer då, det måste ju fastna i pungen eller? I huden..

Mathie: Nä nä, du får spänna ut huden!

Woolke: Ja, det där är farligt som fan det där!

Mathie: Så, så där får jag göra!

Johan: Ja ja, just det.

Mathie: En gång har jag.. Ni vet den här sömmen som går mellan.. I mitten av pungen? Den har jag, "iiirrrh!" Okej! Det där kommer jag aldrig mer göra om..

[skratt]

Johan: Varför tar du inte rakhyvel för?

Mathie: Nä, för då är det såhär, "Oj där ramlade nåt vitt ut!"

[skratt]
Johan: Ah! Jag gjorde det, jag skar mig.. Jag lyfte pungen och kuken åt sidan och sträckte ut huden.
Mathie: Ja.
Johan: Där skar jag mig. Jättedjupt också!
Mathie: Åh!
Johan: Jag skar mig så djupt att jag , när jag tittade ner och öppna lite då var det vitt.
Mathie: Nej nej nej!
Woolke: Vitt?!
Johan: Ja, det var vitt och så såg jag in och sen så bara började det forsa ut blod. Det blir ju såna fina sår med rakhyveln..
Mathie: Gud vad äckligt.
Johan: En gång när jag rakade pungen, då drog jag den rakt i nageln.
Mathie: Aaaaaaah!
[skratt]
Johan: Det gjorde så jävla ont och det drog i hela mig! Du vet den åkte in så att den skärde i huden under nageln och fastnade där..
Mathie: Som om du ska tälja nånting.
Johan: Ja, jag fick dra ut den, det ilade i hela fingret.
Woolke: Fy fan. Jag har fastnat med rakapparaten, om man tänker sig att man trimmar bort det där stubbet. Det upplever du aldrig Johan, men vi som är lite mer lata och låter det växa ut, det kan bli så då..
Mathie: Ja.
Johan: Det måste ju bli sjukt långt då!
Woolke: Ja för fan! Det är som de där hårstråna på axeln, det bara växer.
Johan: Nej! Usch!
[skratt]
Woolke: Det hänger ner som ett draperi över könet.
Mathie: Woolke står på händerna och gör en comb-over på pungen.
[skratt]
Woolke: När jag har jag tänkt trimma bort det lite så fastnar alltid rakapparaten i den här slappa pungen.
Mathie: Man får aldrig ha brottom!
Johan: Raka pungen med rakapparat, det har jag aldrig gjort.
Woolke: Nä men det är för att du aldrig låter det växa ut. Det går ju inte att gå på med en rakhyvel när det är 20 centimeter långt hår som hänger där..]
[skratt]
Johan: 20 centimeter!
Mathie: Det är så det kittlar på knäna.

[skratt]
Johan: På dina knän, ja det är Woolkes punghår som hänger där på dig.
Mathie: Ja, på mina knän!
Johan: Ja exakt!
[skratt]
Mathie: Åh vad roligt.
Johan: Nä fy fan Woolke.
Mathie: Har du rakt punghår Woolke?
Woolke: Nej det är ju jävligt krulligt.. Jävligt krulligt är det.
Johan: Fy fan vad äckligt det är med pubishår alltså! Helt ärligt jag tycker det är sjukt vidrigt!
Mathie: Det är lite mysigt också.
Johan: Alltså det värsta som finns, man går in på en allmän toalett, på jobbet till exemplet så ligger det könshår på ringen. „Vad fan har du gjort! Har du dragit sönder röven när du torkade dig? Vad fan hände.."
Mathie: "Medan jag sket så passade jag på att raka rövhålet här.."
Johan: Ja, ibland så är det massa småskit, ludd, rövhår.. "Vad fan har du gjort där inne?"
Mathie: Ja, det är jättejobbigt.
Johan: Sen är det varmt på sitsen också. Luktar ljummen skit där inne. "Här vill jag bajsa!"
Mathie: När det luktar rövhål det är det värsta. Bajset, okej, men när det luktar rövhål..
Johan: När det luktar så där svettigt rövhål. Alltså det kan lukta skit, det kan det göra, den tar jag fanimig, men när man kommer in, och så luktar det.. Det luktar inte bajs utan det luktar röv!
Mathie: Ja, han har bajsat, torkat sig, spolat, kammat luggen, tvättat händerna, sen har han ställt sig på alla fyra och fläkt ut rövhålet i 20 minuter.
[skratt]
Johan: Ja exakt..
Mathie: "Åh vad gött det här var.." Sen knackar man på dörren, "Ja jag är snart färdig, jag ska bara torka mig först!"
Johan: Nä det där är sjukt äckligt.

~ Sagt Om TFK ~
"Dom växer upp snart"
- Kikki Danielsson, artist

Kukar.

Woolke: Tvättar ni er under förhuden då?

Johan & Mathie: Nä.

[skratt]

Mathie: Jag driver ett osteri på helgerna.

[skratt]

Woolke: Åh vad roligt om det var nån av er som hade börjat så här "Njaaa, jag gjorde det ett tag men sen..."

[skratt]

Mathie: Det var inget för mig!

Johan: Nä fy fan.

Mathie: Det finns ju såna som har sånt jävla problem att få tillbaka förhuden för den är så trång.

Johan: Ah fy fan vad vidrigt.

Mathie: Då är det ostigt och jävligt där inne.

Johan: Alltså har man problem med det, ta bort skiten då. Har du nån gång sparat flens? Har du smakat på det nån gång?

[skratt]

Woolke: Nä! Jag har aldrig smakat flens.

Johan: Jag har gjort det en gång.

[skratt]

Mathie: Inget keso kvar.

Johan: Ja precis.

Woolke: Kan flensost va den äckligaste kroppsvätskan som existerar eller?

Johan: Varför blir det där för, överhuvudtaget?

Woolke: Det är gammal säd som ligger och...

[skratt]

Mathie: Tror du det?

Johan: Nu söker jag på google här.. Flens..

Mathie: Flensost, mmm, härliga bilder.

Johan: Flens.. Åh fy fan vad äckligt.

Woolke: I alla fall, det här med att vara omskuren. Om man har ett ollon som är framme jämt, jag tänker mig att det ollonet är så hårt ..

Mathie: Ja det är det ja!

Woolke: ..att det är blir härdat och hårt. Bara så där, torrt.

Mathie: Ja men så måste det vara.. För det sägs att man blir mindre känslig eller vad fan det är när man är omskuren.

Woolke: Det, det.. Så är det ju.

Johan: Jag har ett svar här. *Varför får man flensost och varför kallas det flensost?*

Woolke & Mathie: Mmm.

Johan: *Flensost är samma sak som smegma. En överproduktion av talg som produceras för att hålla huden mjuk och smidig. Det kallas flensost på grund av konsistensen och lukten, speciellt om man inte tvättar sig på ett tag.*

Woolke: Varför är min kuk fylld av blodådror?

Mathie: Vet inte, för annars hade den vart stendöd.

[skratt]

Mathie: Det hade vart konstigare om du hade sagt varför har inte jag några blodådror i kuken.

Johan: Nä precis!

Mathie: Vad är det för bihang som hänger mellan benen framför pungen?

Johan: Vad är en vanlig.. Vad har du för längd på din snopp Woolke, vill du avslöja det?

Mathie: Kan du skryta om din snopp?

Woolke: Jag kan säga så här, jag är väldigt average bara. Varken eller, en average dick.

Johan: 8 centimeter.

[skratt]

Woolke: Åtta, sju, fem, fyra...

[skratt]

Mathie: Det beror på vilket läge den är i..

Woolke: Nä, jag har en helt average dick.

Johan: Storlekar. *Endast en procent har längre än 22 centimeter...* Då är jag en procent!

Mathie: Här kommer det! Stora-Kuken-Johan, spekulerar.

Johan: Kuk-Johan! *Fyra procent hade penis som var mindre än 8 centimeter*, det är Mathie det.

Mathie: Micropenis.

[skratt]

Mathie: Googla micropenisar, det är så jävla roligt!

Johan: Googla förhud bara så får du upp det.

Mathie: Micro-penis.

Johan: *75 procent av alla kukar var mellan 12 och 18 centimeter, och medellängden var alltså 15 centimeter.* Det mättes av männen själva.

Woolke: Där är jag. En average dick.

Johan: Vilken typ av böjning har du på din kuk? Är det åt vänster eller höger, uppåt, neråt.. Hur ser det ut?

Woolke: Jag kan säga att den är helt jävla rak. Inte upp, ner, vänster, höger.. Ingenting.

Mathie: Även när du inte har stånd?

[skratt]

Mathie: Den är rak, hela tiden!

[skratt]

Johan: Den står rakt upp! Han får sätta fast den mellan skärpet på magen.. Vanligast är krökningen åt vänster.

Mathie: Har du en krökning Johan?

Johan: Mja...

Woolke: Det är klart den är böjbar åt vänster och höger.

Mathie: Johan har tre krökningar!

Johan: Den har fått så mycket stryk den där vet du, den går åt alla håll! Den är som en orm!

[skratt]

Mathie: Den vet inte vilket håll den ska va åt kanske.

Johan: Nä! *Vanligaste krökningen är alltså åt vänster. En kuk med krökning på mindre än 30 procent fungerar oftast toppenbra vid penetration.* Din penis funkar alltså inte så jävla bra Woolke.

[skratt]

Woolke: Det är en nackdel alltså?

Johan: Ja det är en nackdel. Har du en krökning på över 30 centimeter blir det problem med att genomföra samlag.

Mathie: Vadå krökning på 30 centimeter? Var fan är den då nånstans?

[skratt]

Mathie: Vänta jag ska bara plocka fram penisen!

Johan: Jag måste böja rätt den också.

Woolke: Så jag eh.. Är jag onormal för att jag har en rak kuk nu? Då är jag konstig för det?

Johan: Ja! Som sagt de flesta har krökningar åt vänster Woolke.

Woolke: Mathies går rätt neråt, 40 procent neråt.

[skratt]

Johan: Jag tror den är böjd, neråt, ja precis. Den är platt, avlång och böjd neråt.

[skratt]

Johan: Vad har du för böjning.. Vilket håll Mathie?

Mathie: Nej rakt. Spikrak.

Johan: Är du också rak?

Mathie: Men jag har den åt vänster. Oftast.

Johan: Du böjer rätt den.

Mathie: Jag vill ha den åt vänster. Jag vill va en av dom.

Johan: Du lägger en skena där bara.
Mathie: Ja.
Woolke: När du står upp och har kuken så, så lyfter du på högerbenet lite så den ska luta lite åt vänster.
Mathie: Sen bara "titta mannen, den pekar visst åt vänster!"
[skratt]
Johan: Här står det en fråga. *Hur kan jag spruta större satser?* Och då står det såhär Woolke. *Det är främst två saker som påverkar storleken på sperman. Det handlar om tätheten på utlösningen, dvs ju tätare till när du senast fick utlösning desto mindre sperma. Det handlar också om hur upphetsad man är. Ju längre tid du har varit kåt desto mer sprutar du helt enkelt.*
Woolke: Jag tänker mig att Johan har en fördröjning på sin utlösning för att det är så mycket krokigt. Så han får utlösning och sen så typ så här, vänsterkroken där, och sen när det inte är skönt längre då, då kommer spermaballen. Fem minuter senare.
Mathie: När han ligger och tittar på tv och gumman sover.
[skratt]
Mathie: Nu kommer den!
Johan: Woolke jag tror såhär om dig! Din sperma går såhär snabbt, det tar ungefär en halv sekund sen är det över.
[skratt]
Mathie: Och han ljuger och säger att det är bara försatsen.
[skratt]
Woolke: Pre-cum! Svara fort nu Johan.
Johan: Yes!
Woolke: Har du stor eller liten pung? Kör!
Johan: Erm, medium...
Woolke: Nej!
[skratt]
Woolke: Nä okej. Mathie har du stor eller liten pung? Kör!
Mathie: Liten pung.
[skratt]
Woolke: En jätteliten pung tänker jag mig.
[skratt]
Mathie: Den är inne i penisen, pungen. Så bara BAM! Tittar den fram. Det ser ut som två ögon där inne.
[skratt]
Johan: *Hur smakar sperma? Sperma smakar lite salt och metalliskt.*
Mathie: Men Johan, läs istället för att berätta från egen erfarenhet.
Johan: Ja okej.

[skratt]

Johan: *På grund av att prostatasekretet innehåller höga halter av bland annat zink.* Zink är ju ganska bra för träning, så där har du ju...

Mathie: Undrar om det finns nån som har gymmat upp sin kropp med endast sperma?

- Vad tränar du på?
- Jag tränar på sats.
- Jaja, men vad tränar du på för grejer?
- SATS!

Johan: Jag har en fråga till här.

Woolke: Fråga Mathie.

Johan: Varför får man försats när man är kåt, Woolke?

[skratt]

Mathie: Och vad smakar den Woolke?

[skratt]

Woolke: Du får den därför att förbereda tjejen, på vad som komma skall.

Johan: Nu jävlar!

Mathie: Som om hon inte märker att penisen blir hård.

Johan: Det står såhär. *Försatsen kommer från två körtlar som kallas Kaupers körtlar, och vätskan smörj...*

Mathie: Här kommer den!

[skratt]

Johan: *...och vätskan smörjer upp, renar och öppnar upp ditt urinrör innan utlösning.*

Mathie: Vilken process! Ut med skiten bara. Tadaaaa!

Johan: Det är en jävla grej det där vet du.

Mathie: Det är fantastiskt hur kroppen fungerar.

Johan: Ja.

Förintelsen.

Johan: Jag såg några tyskar häromdan och det enda jag kunde tänka på var nazister.

Woolke: Jag kommer inte ihåg nånting från skolan nästan, det enda jag minns starkt är att man prata om förintelsen mycket. Det är ju nånting man har fått information om sedan väldigt tidig ålder.

Mathie: De var väldigt bra på att ta dit gamla judar som fick prata.

Woolke: Ja.

Johan: Det har inte jag vart med om.

Mathie: Var du inte det?

Woolke: Jag fick ett skrattanfall när vi hade vårt besök.

Mathie: Nä.

Woolke: Det är ju inte så jätteroligt egentligen, det var ju så här klassiskt tillfälle. Det var nån judetjej med judeössa.

Mathie: Tjej är väl att ta i?

Woolke: Tant.

Mathie: Tant är också att ta i?

Woolke: Halvdöd. Hon hade dock ingen judeössa, hon hade hår.

Hon skulle berätta om allt det här och jag minns väldigt vagt vad det var. Det var allvarlig stämning och man fick absolut inte fnissa, och då börja jag småskratta. Det var en kompis bredvid mig som titta på mig med ett sånt leende och börja skratta han också och då bröt jag ihop... Så jag ber min lärare att få gå ut. Men den här läraren envisas. "Nej du måste sitta kvar." Och jag kan ju inte sluta skratta, och jag mår ju dåligt över det för jag vet ju att hon står och berättar något väldigt hemskt där framme. Men läraren vägrar släppa ut mig därifrån, det var lite irriterande. Jag är inte en vidrig människa men jag kan inte sluta skratta, släpp ut mig från det här rummet.

Mathie: Vore inte det lite kaxigt om hon hade massa discorök medan hon äntrade scenen? Tysk marscheringsmusik och hon går in

"Det är jeg som er Birgit." Inför stående ovationer.

[skratt]

Johan: Alltså de här människorna som blev förintade eller förfölja av nazister finns ju fortfarande kvar. Vissa av de lever ju än!

Mathie: De som var med menar du?

Johan: Ja. Så det är ju inte så jävla konstigt att man ändå tänker nazister när man ser en tysk. Det är väl inte så konstigt, är det? Det är ju skillnad ifall det hade hänt för typ 500 år sen.

Handikapp.

Mathie: Vilket handikapp skulle ni föredra att ha? Och vilket skulle ni inte föredra att ha?

Woolke: Det är ju en smaksak om man kan föredra att ha ett lillfinger för lite.

Mathie: Du får ju dra på lite.

Woolke: Så grova handikapp menar du?

Mathie: Ja grova. Cp-skadade till exempel. De har bara svårt att hålla kontroll på musklerna.

Woolke: Jo, men du blir aldrig accepterad av nån.

[skratt]

Woolke: Alltså även om man säger att cp-skadade är helt normala i huvudet, det är inget konstigt. Men de är ju lite konstiga. Jag kan inte låta bli och tycka det.

Johan: De har ju inte haft en speciellt normal uppväxt kan jag tänka mig. De har ju suttit i en konstig stol i hela sitt liv och försökt att hantera alla muskler.

Mathie: Folk har pratat över deras huvud hela deras liv.

Woolke: Ja.

Mathie: "Bry dig inte om Agnes hon är helt cp-skadad."

[skratt]

Mathie: Vad skulle du vilja ha för handikapp då Johan?

Johan: Downs syndrom.

[skratt]

Mathie: Då är du ju som du är cp-skadad men du fattar ingenting innerst inne heller.

Johan: Det är bara och köra.

Woolke: Men man har rätt roligt kanske ändå?

Mathie: Blir de gamla, Downs syndrom, Downs syndromer?

Johan: Tänk dig en 93 årig Downs syndrom. Nä men jag tror inte de blir... Vi kan googla på det.

Mathie: Ja. "Hur gamla blir downisar?"

Woolke: Det känns inte som någon är över 40. Då trillar de av pinn.

Johan: Det känns som det medföljer en hel del "ålderskomplikationer" om man har Downs syndrom eller?

Mathie: No shit! Det är ju det här med extra kromosomen som kommer.

Woolke: Vad innebär det när man säger att man har en extra kromosom...

Johan: Det låter ju som att man borde va superhjälte. "Fan jag är född med en extra kromosom.." Eller, det måste va en mindre va?

Mathie: Har du brottats med en downie nångång? Jävlar vad starka de är.

Johan: Men är det inte tvärtom. Att det fattas en...

Woolke: Nänä, de har en kromosom för mycket.

Johan: Men känns inte det som att man borde va lite bättre än alla andra då?

Woolke: Det är som att vara överläst. De som läser för mycket böcker.

Mathie: ..och börjar spela pingis.

[skratt]

Mathie: En person med Downs syndrom har tre exemplar av kromosom nummer 21 istället för två.

Woolke: Nä men vad... Okej? Vad händer om man har en för lite då? Om man har 21 istället.

Mathie: Det finns ju olika kriterier.

Woolke: Jaha, okej.

Mathie: *Det finns ju olika igenkänningstecken, även om inget av de finns hos alla individer med Downs syndrom. Man söker efter dessa enligt Halls kriterier. För tidigt född, eller underviktig.. Muskelslapphet 80 procent. Platt ansikte 90 procent.*

[skratt]

Mathie: *..Rikligt med nackskinn 80 procent.*

Woolke: Det låter som rasprofilering, eller vad säger man?

Mathie: Nä men precis, rasbiologi.

Woolke: Ja.

Johan: 60 år är medelåldern. På en downis.

Mathie: Är det så? Oj det finns alltså.

Woolke: Det är rätt gammalt ändå.

Johan: Det är rätt gammalt, men jag trodde de levde helt normalt.

Mathie: *Cirka en till två procent av de drabbade har en IQ över 70.* Ja, och sen det är många som lyssnar på dansband som har Downs också.

Woolke: Ja det är också konstigt. Det måste va för att det är väldigt..

Mathie: Att det är lätt.

Woolke: Eller så är det bara så de har växt upp. De är hemma jämt, det är den enda musiken de hör hemma.

Mathie: Ja just det.

Johan: Starka människor sa du förut.

[skratt]

Johan: Va fan är det för jävla bullshit!

Mathie: Alltså de är fysiskt sett starka. Därför är det roligt när jag läser i Expressen här *"Jespers syndrom gjorde hela familjen starkare."*

[skratt]

Mathie: "Och när han inte låg i soffan så jävlas han och flyttade grejer. Han kunde flytta en hel bokhylla själv."

[skratt]

Mathie: Han såg ut som den där dvärgen i 300 du vet som går runt med sköld på ryggen fast han gick runt med en bokhylla på ryggen.

[skratt]

Mathie: Billy! Du kan ställa Billy här borta, säger de.

~ Sagt Om TFK ~
"Innehållet är ändå inte det sämsta.
Bäst: Självförtroendet. Sämst: Framförandet."

\- Östersundsposten om TFK live på Storsjöyran 2012

Pest eller kolera.

Mathie: Pest eller kolera. Woolke!

Woolke: Yes!

Mathie: Vem ligger du helst med, en man med det kvinnliga könsorganet eller en kvinna med det manliga könsorganet?

Woolke: Oh det är otäckt i båda fallen, men... Det blir en kvinna.. Det är en riktig kvinna då va?

Mathie & Johan: Mmm.

Woolke: Med en kuk.

Johan: Med en jättestor...

Woolke: Det får bli det.

Johan: Nej fy fan.

Mathie: Oj.

Woolke: Det får bli det!

Johan: Vad sa du annars? Att det var en man med...

Mathie: Det andra var en helt vanlig tjej... Och en sån som Woolke valde då.

[skratt]

Mathie: Nej, en man med kvinnliga könsorganet eller en kvinna med det manliga könsorganet.

Johan: Det är bara könet alltså som man växlar ut?

Mathie: Bara ja, precis.

Johan: Det är en kuk med bröst.

Mathie: Ja.

Johan: Och så är det, det andra...

Mathie: Ett hårigt bröst.. En man med vagina.

Woolke: Ett hårigt bröst och jättemycket muskler, och ett hål bara där nere.

Mathie & Johan: Mmm.

[skratt]

Mathie: Johan!

Johan: Japp!

Mathie: Att vara konstant berusad i 10 år eller att alla i din omgivning är konstant berusade i 10 år? När du är nykter.

Johan: Åh, det är ju jag som är råpackad i 10 år. Finns ju inget annat.

Woolke: Ja, Mathie här då.

Mathie: Japp!

Woolke: Aldrig mer använda mobiler, datorer, ipad etc eller aldrig ha sexuell kontakt med det motsatta könet?

Mathie: Hej då iPhone!

Johan: Okej. Den var jättelugn. Ja okej.

[skratt]

Mathie: Woolke!

Woolke: Ja!

Mathie: Du får aldrig mer besöka en ny plats eller aldrig mer lära känna en ny person.

Woolke: Jag är nöjd med de personer jag känner, jag behöver inga mer. Jag besöker nya platser istället.

Mathie: Ja men det är bra.

Johan: Mathie, svepa en flaska 70 centiliter vodka eller dricka 50 centiliter sodastreamat saliv? Kör!

Mathie: Jag vet inte, slicka en fitta eller sug av en gammal gubbe?

[skratt]

Mathie: Jag vet inte riktigt vad jag ska välja av de två..

Johan: Ja okej du drar i dig flaskan antar jag?

Mathie: Ja, så klart..

Johan: Vi tar Mathie igen här då.. Du tar väl också flaskan eller tar du salivet Woolke?

Woolke: Nä jag kör saliv vet du..

Johan: Ja okej.. Rädda ett barns liv men bli stämplad som pedofil eller låta ett barn dö, men bli sedd som hjälte..

Mathie: Låta ett barn dö, men bli sedd som hjälte.

[skratt]

Johan: Varför då?

Mathie: Jag måste ju ha gjort nånting för att bli sedd som hjälte.

Johan: Alright! Woolke då, tar du och räddar livet eller låter du ungen dö?

Woolke: Erm, nä.. Vi låter jäveln dö!

Johan: Fan vad elaka ni är!

Mathie: En unge är på väg att ramla från ett stup, man tar tag i kuken på honom.. "Ja han runkade av ungen, men han överlevde!"

[skratt]

Mathie: Eller låta barnet dö och bli sedd som hjälte? Den var lite konstig..

Johan: Nu då! Döda fem människor med kniv, eller döda tio människor med pistol..

Woolke: Pistolen. Lätt!

Johan: Eller hur.

Mathie: Ja pistolen..

Johan: Tänk dig bara att rada upp tio personer på led, och så bara ta ett skott..

Woolke: Man behöver bara kisa lite med ögat för att se vart man skjuter också. Det är jobbigare med kniven att gå in i närstrid och bara skära sönder folk.

Johan: Det tar lång tid!

Mathie: Om du radar upp alla fem bredvid varann, och sen bara springer du med en kniven i halshöjd på de. Där går det fort kan jag säga! Man måste springa typ 50 meter innan första personen börjar så man flåsar.. Och sen bara.. Tar man i!

Johan: Nu kommer nog den bästa. Mathie, du vinner 50.000 kronor eller att Woolke vinner 500.000 kronor..

Mathie: Jag vinner 50.000 för jag skulle aldrig få 50.000 av Woolke..

Woolke: Synd fittjävel! Jag tänkte ge dig 60.000.

[skratt]

Woolke: Du förlorar 10 lök där!

Mathie: Jävlar.. Får man ändra sig?

Woolke: Nej, det är kört!

Mathie: Johan då?

Johan: Nä jag hade ju tagit 50.000..

Mathie: Ja ni ser!

Woolke: Men vad fan gör ni, ni får ju jättemycket pengar av mig här!

Johan: Jag hade inte sett skymten av en krona av de där! "Nej! Mina pengar!!"

Mathie: Grejen är att det hade vart så här.. "Aha så Woolke ska inte va med i det här avsnittet heller?" "Nä, han är utomlands.."

Johan: Ja precis..

Mathie: Och vi hade suttit i min lägenhet i Kristinehamn.. Utan pengar.

Johan: Ja vad gör du då Woolke?

Woolke: Ja.. Det beror ju på vem av er det är.

Mathie: Ja, precis.

Johan: Mathie.

Woolke: Mathie... Nä jag tar 50.000!

Johan: Jag då?

Woolke: Jag tar 50.000...

Mathie: Jävla idiotjävel!

Hästskärare.

Woolke: Jag läste att det härjar en sån här hästskärare igen. Det tycker jag är intressant.

Mathie: Precis! Varje år kommer det en ny hästskärare.

Johan: Och för de som inte vet vad en hästskärare är så är det nån jävla idiot som går och sliter tag i nån, mellan benen.

Mathie: De skär hästarna i fittan va?

Woolke: Ja, det är nåt sånt.

Johan: I fittan just också. Heter det "fittan" på hästar?

Mathie: Hästfittan.

Johan: Är det så?

Mathie: Det måste det göra, det gör det väl? Hästvaginan.

Johan: Så när veterinären kommer, "Ja jag ser lite att hon har nåt i fittan.."

Mathie: Ja men vad har hon gjort i hästfittan?

Johan: Ja.

[skratt]

Mathie: De där är sjuka i huvet' de, jag fattar inte.

Woolke: Alla har väl haft den tanken att skära en häst i fittan nån gång. Det är ju inget nytt.

Mathie: Alla har väl vart i den åldern, "nu måste jag skära en häst i fittan, nu är jag tolv."

[skratt]

Woolke: Jag har en sån, det är ju inte lika hemskt men det är också en märklig sak. Här i Härlanda har vi en som går och skär ner.. Sågar i träd och förstör träd, som härjar.

Mathie: Vart var det, nästan likadant? Att han skär fast på nåt annat eller?

Woolke: Ja precis, konstig fetisch eller vad det nu är.

Johan: Är det i Göteborg som vi snackar om eller?

Woolke: Mmm Härlanda ja.

Mathie: Det är exakt samma sak som när jag var på Maxi så såg jag att de skar i bröd, i bageriavdelningen. Det är samma sak. Där skär de också saker.

Woolke: Ja just det, mmm. Eller så är det en konstig sak att göra.

Mathie: Ja.

Johan: Om ni fick välja, vad skulle ni välja. Hästen, brödet eller trädet?

Woolke: Trädet.

Mathie: Trädet.

[skratt]

Johan: Minst awkward.

Shoblainx 43

Woolke: Men har de inte tagit den där hästskäraren eller?

Mathie: Det var du som tog upp nyheten.

Johan: Vad skulle man göra ifall man fick syn på den här jäveln?

Mathie: Stopp! Halt!

Johan: Och vad håller du på med på musen på hästen?

Mathie: Släpp fittan!

[skratt]

Johan: "Äh håll käften" säger han bara då. Skulle man gå fram då? När han står med kniv och grejer och skär i den här hästen. Jag vet inte hur de gör riktigt heller. De måste ju springa fram, snitta, och sen springa därifrån.

Woolke: Hästen lär ju sparka.

Mathie: Jag tror ju inte han har med sig en barstol som han sätter sig på, kavlar upp ärmarna, tar tag i hästfittan och börjar.

~ Fantastiskt Fakta ~

När Mathie medverkade i serien "Allt Faller" hade han först repliken "Just det ja, hur känns det då, att äntligen få ta över skutan efter idag då?" Men regissör Henrik Schyffert ändrade raden till "Hur känns det nu då?"

Öron & mun.

Woolke: Jag har vart hos tandläkaren och gjort en liten rotfyllning..

Mathie: Usch.

Woolke: Och det säger jag som upplysning till alla. Laga era tänder i tid, och sköt de för fan, säger jag.

Johan: Kostade det eller?

Woolke: Ja det kosta, det gjorde det. Jag kan berätta lite kort. Jag kommer in där och ska laga, vet ungefär hur den här proceduren går till.. Men då borrar de först ut hela tanden så man bara har skalet kvar, som en stor jävla krater ner i tanden..

Mathie: Jävla äckligt!

Woolke: Ja, och sen kör de i typ fyra centimeter långa nålar i varje rotkanal som finns...

Mathie: Är det inte såna där som ser ut som piprensare?

Woolke: Ja, precis!

Mathie: Åh fy fan!

Johan: Jag får bara tillägga en grej, det var en tjej på jobbet här som gjorde en liknande.. Hon drog ut en tand, och då kunde hon.. Hon kunde andas, bokstavligen, genom öppningen.

Mathie: Vad äckligt!

Johan: Hon gjorde så här, hon håller för näsan.. Sen så tryckte hon precis som man tryckutjämnar i öronen och bara sköts all luften ur själva hålet på tanden där. De hade tagit bort tanden helt och hållet så kom all luft. Det var en öppning till bihålorna där.

Woolke: Oj..

Johan: Den var riktigt vidrig tyckte jag.

Mathie: Fy fan vad äckligt.

Johan: Och när hon pratade, vart det konstiga ljud för att luften gick ju in och ut där.

Woolke: Spelar så där melodier.

[skratt]

Johan: Om du hoppar i en bassäng till exempel och så sätter du på badglasögon och så tittar du på den andra människan som tryckutjämnar, då kan man ju se att luft kommer ut ur öronen .

Woolke: Ja just det ja.

Mathie: Kan man?

Johan: Ja.

Mathie: Lite bara så?

Johan: Nej alltså jag har gjort det, så bubblar det som fan ur öronen.

Mathie: Men det går ju inte, du måste ju ha en trumhinna?

Johan: Jag har gjort det i alla fall, sen om det går eller inte det vet jag inte.

[skratt]

Woolke: Det är säkert nåt luftskit nånstans.

Mathie: När Johan var liten och hade så här tävlingar om vem som kunde hålla andan längst så andades han med öronen så han fick alltid ha hörlurar på sig när man skulle köra den där tävlingen.

[skratt]

Johan: Jag sög inte in luft, jag sög ur luft. Eller blåste ur luft rättare sagt.

[skratt]

Mathie: Du andades med öronen..

Johan: Ja. Jag har gälar här bak, det har jag.

Mathie: Kevin Costner ringde.

Johan: Ja precis. Nä men så gjorde hon med hålet i...

Mathie: I tanden.

Johan: Nej inte i tanden utan i käken om man säger..

Mathie: Fan vad jävla äckligt!

Johan: Ja det var riktigt vidrigt..

Mathie: Hoppas hon fick sparken. "Du är vidrig, så där kan du inte gå runt.. Andas med munnen för fan!"

Woolke: Ja i alla fall, när de gjorde den här skiten på mig så är det viktigt att bara tanden syns så det inte kommer in några bakterier, så då sätter de.. Har ni sett en sån här operationsduk folk har på sig så är det ett litet hål i duken så opererar de i magen på nån eller nåt? En grön sån duk...

Mathie: Ja.

Woolke: Sån satte de över hela ansiktet, eller ja.. Över hela munnen så bara den här tanden stack fram.. Och det var lite äckligt för dels så har man ju en slang i munnen, sen har man tre nålar i tanden och nåt annat skit.. Nån jävla metallgrej så munnen är ju proppfull med grjjer.

Mathie: Åh fy fan.

Woolke: Sen har man ett jävla gummitäcke över ansiktet.. Det var ju inte så här jättelätt att andas där .

Mathie: Och så ska de.. "Går det bra?" "Ööööh." Och så "Går det bra om vi gör så här eller?" "Ööööh." Så kan man inte prata, och man vågar inte svälja heller.

Woolke: Ja! Vet du vad. Jag har alltid undrat, jag har haft lite noja för det här.. Kan man svälja tungan när man är bedövad och ligger så, för ibland känns det som det. Så jag frågade min tandläkare om det var möjligt..

Mathie: Hur mycket skratta hon då?

Woolke: Nä! Det här ska du få höra nu! Då sa först sköterskan som var med "Äh jag vet inte faktiskt", och sen han tandläkaren han sa "Ja det kan man, jo det kan man göra." "Ja okej..."

Johan: Jävla idiot.

Mathie: Vadå dör tungan eller?

Woolke: Nej men han förklara sen att oftast så, vad heter det, bedövar man bara i ena sidan av munnen och därför så är det inte vanligt att det händer men det kan hända.

Mathie: Fy fan! Jag såg ju ut som en bilolycka i munnen.

[skratt]

Johan: Jag tänkte mig typ en åsna, så såg Mathie ut i munnen.

[skratt]

Mathie: En åsna med överbett till och med!

Johan: Sätt den i knäskålen bara.

Mathie: Vad fan skulle jag säga... Jag drog ut fyra tänder när jag skulle fixa i ordning min tandställning för det fanns inte tillräckligt med plats i munnen av okänd anledning...

[skratt]

Mathie: "Åh grattis föräldrarna ni har fått tänder", sa de när jag föddes. Det kom ut ur fittan på morsan.

[skratt]

Johan: Fick du tänder när du föddes menar du då?

Mathie: Nej nej, jag hade så stora tänder.. Det var ett gäng tänder som kom ut.

Johan: Ja. Jag vet inte varför jag skratta åt det skämtet, men sen så tänkte jag "var han seriös nu eller inte?"

[skratt]

Mathie: Nä, man har ju inte tänder när man föds Johan.

Johan: Nä jag vet men du kunde vart ett undantag, man vet aldrig.

Mathie: Så stora tänder, du kunde inte växa ...

Johan: Nä precis. Oj en tand, ramlade ut!

Mathie: Ja precis! Åh vad äckligt om tänder kom ut ur fittan...

[skratt]

Mathie: Fitt-tänder.

[skratt]

Mathie: Det såg.. Ja just det. Det var så hästen skar sig i fittan av mina tänder.

[skratt]

Johan: Hånade de dig nånting om dina tänder? Var du mobbad? "Åh jävlar vilka tänder han har", sa de bara.

[skratt]

Mathie: Nån gång får man ju höra det. "Ja, vad är det du har i ansiktet..." "Det är tänder." "Ja okej."

[skratt]

Mathie: Nä jag blev inte så mobbad faktiskt. Vi hade nån som hade halv Downs syndrom i klassen som fick ta all skit.

[skratt]

Mathie: Jag klarade mig undan ganska mycket...

Johan: Det gjorde du ju inte alls..

Mathie: Jo det gjorde jag..

Johan: Nej nu tänker du på min barndom.

Mathie: Jo jag var söt, det var jag.

Johan: Du hade ju tänder..

Mathie: Ja det var fan det enda jag hade också!

[skratt]

Mathie: Jag hade tänder så det räckte till er med ifall ni vill ha.. Nä, men jag skulle dra ut fyra tänder för att få plats. För att dra bak tänder så måste det ju finnas plats. Man har ju bara ett visst antal tänder, fast jag hade fler. Och då drog hon bedövning i sprutan och när hon drog ut den där sprutan så droppade några droppar från nålen, som jag svalde. Så hela tungan och bakre delen av tungan och halsen blev förlamade.. "Gaaarhl" så där blev jag.

Woolke: Men det där, det är ju fantasi Mathie.. Det funkar ju inte så.

Johan: Nej.

Woolke: Det där har du inbillat dig.

Mathie: Okej jag inbillade mig bara.

Woolke: Aja okej, jag vet inte.. Hur länge sen var det här? 40 år sen?

[skratt]

Woolke: När de hade nån tinner och hällde ner i munnen på dig..

Mathie: När du sover, kan du kvävas av tungan då?

Johan: Tinner? Det var nån jävla whisky på den tiden. Det var whisky man använde.

Mathie: Jag hade så stora tänder att jag fick gå till veterinären, hästveterinären och fixa tänderna.

[skratt]

Woolke: Äh skit samma, jag kan inte uttala mig för jag vet inte men..

Mathie: Nä.

Johan: Det var säkert så på den tiden!

Mathie: Kan inte du ringa din jävla tandläkare han verkar få höra dumma frågor från dig ganska ofta. Du kan ju ringa.

Woolke: Ja men jag hade ju inte fel, det var ju sant, det kunde hända.

Mathie: Ja, och de pratar om dig varenda jävla fikarast efter det.

[skratt]
Mathie: Jag gjorde ju allt det där med tandställning och all den skiten innan jag fyllde 20. Jag gjorde ju en rotfyllning när jag var 19 som tur var.
Woolke: Du gjorde det? Nä jag tyckte att jag var ung för att göra en rotfyllning, men du gjorde den när du var 19?
Mathie: Ja men som sagt, mina tänder var ju lite speciella...
Woolke: Ja.. Men jag fick i alla fall betala 4100 för det där hålet de borrade. Så det var ju..
Mathie: Bara för du ser ut som ett helvete i munnen, Woolke.
Woolke: Ja..
[skratt]
Mathie: Du ser ju ut som om nån har kastat in tänder i munnen på dig.
Woolke: Ja, jag vet, det ser inte bra ut.
Johan: Gör det verkligen det?
Mathie: Jag föddes, det var det här med tänder som kom ur morsans fitta, men när Woolke föddes och sen när han var 5 år.. "Men han har ju inga tänder", sa mor din. "Men vi gör såhär, ställ dig på andra sidan rummet sa hon till farsan, så kastar vi in tänderna.. Och de tänderna vi träffar, får du behålla." Det är därför han ser ut som han gör.
Woolke: Ja, det är så.
Mathie: Det är så. Du vet, så som taggarna ligger på en igelkotts rygg, så ser typ Woolkes tänder ut. Det är lite här och där .
Woolke: I alla fall!
[skratt]
Mathie: Nu var det inte lika kul längre! Woolke skrattar ingenting nu.
Woolke: Too close to home.
Johan: Jag var ju sånt där öronbarn jag. Jag hade öroninflammation en gång i veckan, i 7 år. Så jag var jättejobbig, stackars mamma. "Nu har du öroninflammation äckliga ungjävel! När ska jag jobba nån gång?"
[skratt]
Johan: "Här går jag och vabbar.. Vabbar i sju år! För Johan har öroninflammation" Nä men jag var uppe och, det var ju operationer och grejer.
Mathie: Åh hade du sånt där rör i örat?
Johan: Ja visst..
Mathie: Öronrör. Äckliga barn det! "Har han brottats eller? Nej han hör inget bara!"
[skratt]
Johan: "Varför pratar han så konstigt?"
Mathie: Ja, det var så där du pratade när du var 7.

Johan: Ja! Det var på tal att jag skulle ha hörapparat också.

Mathie: Åh fy fan!

[skratt]

Mathie: Det finns ingen människa som har hörapparat med pondus som är under 15 år.

Johan: Åh vad bra! Tänk dig om jag hade hörapparat! Jävla idiot!

Woolke: Ditt liv hade vart så annorlunda för dig Johan.

[skratt]

Mathie: Ett dövt "Va?", det är det enda man får från dig. Jag och Woolke pratar och du, "Vad säger ni?"

[skratt]

Johan: Men tänk dig kombinationen med att jag bröt benet när jag var yngre också..

[skratt]

Woolke: Ja just det ja!

Johan: Jag slog ihop de här växtkotorna, så jag var inne hos läkaren och de förberedde mig för det här att "nu ska du ha en ställning på ditt ben Johan i sex år fram tills du är".. Nej, fem år var det för jag var 15 år, jag skulle ha det tills jag var 20.. Så då skulle jag ha den här ställningen, precis som Forest Gump, skulle jag springa runt.. Med hörapparat.

[skratt]

~ Sagt Om TFK ~

"Bönder som diskuterar dansband och intervjuar varandra med cp-röst"

- Okänd kvinna

Barndomen.

Johan: Jag har en sån här.. Jag kom på en barndomshistoria här nu.

Woolke: Ja, trevligt!

Johan: Jo, vi var ute.. Nånstans ute på vischan kommer jag ihåg, några kompisar typ till morsan och de. Och jag springer ute på åkern där och sparkar boll och så får jag syn på en katt, och så tappar jag bort bollen där och blir helt tokig i den där katten.. Jag måste ha den, så jag springer efter katten istället..

Mathie: Psykjohan..

Johan: Psykjohan börjar springa efter den här kattjäveln, och trycker in den här katten i ett hörn.

Mathie: ..och säkert skitig i hela ansiktet, "Kom här katten!"

Johan: Ja, och så tar jag upp kattjäveln.. Och jag håller i den så hårt vet du, och så känner jag att jag får nånting i handen. Så jag släpper katten. Då har jag världens jävla kattbajs i näven!

[skratt]

Woolke: Nej!

Johan: Jag började grina! Jag visste inte vad jag skulle göra så jag springer till morsan, grinandes och så har jag världens jävla bajshög i min näve.

[skratt]

Johan: Jag tar inte ens bort det. Jag kastar inte ens ut det kommer jag ihåg. Jag springer, morsan fan "Vad håller du på med, varför springer du runt med bajs i handen för?" Och jag grinar, jag vet inte vad jag ska säga . "Han sket i min näve!" . Hur fan gick det till? Hur gick det till att katten? Han måste blivit så rädd...

Mathie: Försvarsmekanism. "Jag kan inte bita, så jag skiter honom i handen istället."

Johan: Ja precis, det är som man hör att när folk till exempel.. Innan de dör typ så kan de bajsa ner sig lite, eller kissa ner sig. Så kände katten. Jag skiter i din hand nu bara så du vet!

Mathie: Jag släpper på allt.

Johan: Ja precis, pissa, bajsa, överallt.

Mathie: Och det funkade ju.

Johan: Ja! Jag släppte ju som sagt, och grinade gjorde jag också som vanligt.

[skratt]

Johan: Jag har så många pinsamma minnen från halloween när jag var yngre också.

Woolke: Jaså?

Johan: Nä men jag är typ 13 och går runt med scream mask, och en svart filt som mormor har klippt ihop.

Mathie: Vad fan är det som händer Johan?

Johan: Vad är det då? 1997 eller nåt sånt där eller?

Mathie: Ja, "Bus eller godis?"

Johan: Nej, det var ingen som gjorde det här. Det var bara jag, jag hade sett Scream första gången, så då ska jag göra likadant.

Woolke: Som i filmen eller?

Johan: Det var så dåligt!

Mathie: Dödade du nån?

Johan: Jag mår så dåligt. Tänk dig folk såg mig för fan.. "Vad är det för jävla ungjävel som går runt!"

Mathie: Ja, "Masken är för liten för ansiktet för fan!"

Woolke: "Sömmen har spruckit där uppe i masken."

Johan: "Den hänger ju helt snett!" Nej!

Mathie: Det här vill jag höra mer om, hur många hus gick du till?

Johan: Jag gick inte till så många hus, jag gick runt bara.

[skratt]

Mathie: Vadå gick du bara runt med den Johan?

Johan: Ja det gjorde jag!

Mathie: Du gjorde inte ens bus eller godis?

Johan: Nej! Jag visste inte ens att det var så.

Mathie: Vad var målet med kvällen?

[skratt]

Mathie: Hade du nån kniv där i alla fall?

Johan: Nä det hade jag inte.

Mathie: Han hade inte ens det.

Johan: Jag gick runt och stirrade ut folk bara..

[skratt]

Mathie: Vilket psykfall!

Johan: Jag kommer ihåg att det är mörkt och att det var riktigt jävla höstigt väder..

[skratt]

Johan: Det regnade och blåste löv och skit! Jag stod där och frös, gick runt och tyckte, "Varför gör inte alla så här för?"

Woolke: Det sjuka är att jag skrattade, men jag gick ju också runt med scream mask.. Jag var kanske nåt år yngre..

Johan: Ja du ser!

[skratt]

Woolke: Och jag hade kniv också..

Mathie: En riktig kniv?

Woolke: Ja, jag hade två masker.

Johan: Gick du runt själv eller?

Woolke: Nä jag hade nog med mig nåt följe, kom med sa jag..

Johan: Tänk om vi hade träffat varandra då! Fy fan vad konstigt det hade blivit då..

[skratt]

Mathie: Vilket jävla möte!

Johan: Vi hade bara stått och tittat på varandra som två förvirrade hundar!

Woolke: Sedan närmar vi oss varann steg för steg.. Tills vi börjar hångla.

[skratt]

Mathie: Johan kände inte igen dig då för du bytte mask då, till din egna mask du hade gjort..

Johan: Nä fy fan.. Usch!

Mathie: Båda två är störda i huvet'. Är det nåt mer ni kommer ihåg att ni gjorde som ni känner att, det här är jag lite för gammal för?

Johan: Jag vet inte, alltså var man för gammal.. Jag kollar här när Scream kom ut, den kom 96, då var jag 11 år.. Men säg att jag var typ 12 då kanske, men fortfarande! Jag hade typ blont hår också. Jag minns även.

Jag fick ett leksaksgevär när jag var liten. En annan unge kommer fram till mig och sen så bryter han av mitt gevär.

Jag skriker "mamma, mamma hjälp mig!"

Och hon svarar "Håll käften ungjävel!" från balkongen. "Det får du fixa själv! Du får skylla dig själv, du har säkert gjort nånting!"

Det satte sig långt inne i hjärnan på mig det här, just att jag sökte hjälp från min mor..

[skratt]

Mathie: Fy fan vad kul!

Johan: Men hon bara sket i mig! Det var så här, den här killen var kanske två år äldre än mig så han förväntade ju sig att "oj nu kommer jag få skäll.." Men då han fick höra responsen från min morsa så börja han flina, och så bröt han av geväret två gånger till..

[skratt]

Johan: "Såja Johan, du ska inte mucka med mig!" sa han och kastade det trasiga geväret. Jag hade verkligen längtat efter det där geväret. Det var mitt favoritgevär.

[skratt]

Johan: Jag hade ingen bakom mig verkligen! Morsan bara pissar på mig, fan! Det vart ju tyst i två sekunder på hela den här gården, alla ungar stod bara och titta.. "Ooooohh shiiii... Han har inte ens mamma bakom sig, nu är det kört för han!"

Woolke: Damn son!

~ Mail Till TFK ~

" Jag har sträcklyssnat alla era avsnitt 6 gånger. Tänkte att jag skulle räkna ut hur mycket jag faktiskt lyssnat dom gånger jag lyssnat på 1-250.
Räknar att ett avsnitt är 60 min.
60 min x 250 avsnitt = 1500 min
1500 min x 6 gånger jag lyssnat= 90 000 min
90 000 min / 1440 minuter (ett dygn)
Jag har sammanlagt lyssnat på världens bästa podd i 90 000 minuter eller 62,5 dygn eller över två månader. Förutom alla ströavsnitt jag inte räknat med då."

- Alexander, lyssnare

Fredagsmys

Woolke: Har ni något minne av att det var så mysigt när familjen var samlad, sen vart det fylla och så grät nån i familjen? Så stod man där som en liten pojk i ett hörn nånstans.

[skratt]

Mathie: När folk i vår ålder får såna där minnen av Astrid Lindgren-grejer, då får jag minnen från att Astrid Lindgren är på tv och jag är barnvakt åt min lillsyrra. Och så hör man från nedanvåningen "Bam! Crash! Fan vad jag hatar dig!" Man går ner för att kolla och möts av ett "Mathie! Håll käften, gå och lägg dig igen! Bam!"

[skratt]

Johan: Ja precis! Och sen kom polisen in, "Skicka in hundarna för fan!"

[skratt]

Mathie: Ja, och jag står och höjer volymen på tv och säger "Åh Emil är rolig han" till min syrra medan polisen griper någon överförfriskad festdeltagare.

[skratt]

Johan: Åh jävlar! Det hände ju jättemycket när man var yngre när föräldrarna festade. Jag kommer ihåg när jag gick runt i min pyjamas och jag hälsade på folk och det slogs överallt!

[skratt]

Johan: Och sen, "Kom hit nu Johan, för fan nu!" Nyvaken klockan halv tre på natten, helt förvirrad! "Kom hit och sätt dig så får jag prata lite med dig!" Nån full jävla gubbe, jag vet inte vad det är för människa!

[skratt]

Mathie: Åh vad roligt! Det är exakt allas barndom.

Johan: Ja det är så märkligt!

Woolke: Jag gillar den här kärleken man får på fyllan.. Då de ska prata och berätta hur mycket de älskar en, och det luktar vin ur munnen bara..

[skratt]

Mathie: "Vad stor du har blivit!"

Johan: Ja precis! Och så röker de en cigg, står och hostar ..

Mathie: Ja och redan som sjuåring lärde man sig "Mmm ,24-årig whisky, det känner jag igen!"

[skratt]

Mathie: Men det var så mysigt att det dagen efter fanns kall pizza i kylen.

[skratt]

Johan: Ja, precis! Vet ni vad det bästa var? Det fanns groggvirke som man kunde dricka dagen efter också, det var det absolut bästa!

[skratt]

Mathie: Varje helg! Det fanns även tonic! Den gillade fan inga barn.

[skratt]

Johan: "Var är fantan morsan?" "Den tog slut.. Du får dricka tonic idag."

Woolke: Tre backar grape tonic!

[skratt]

Johan: Jag tror inte vi är ensamma om att ha haft en sån här uppväxt.

Woolke: Jag tror det är våran, 80-talisterna på nåt sätt.

Johan: Jag kommer ihåg en gång när jag klev upp så var det en gubbe som stod och pinka i köket.

[skratt]

Mathie: Ja men det är väl sånt man gör när man är vuxen!

Johan: Åh jävlar! Det är jättemärkligt..

Mathie: "Få hit din nallebjörn!" Så torkar han kuken med din nallebjörn.

Johan: Jag tänkte, "Vad fan gör han?" Han står och pissar mellan diskhon och spisen. Vad fan gör du det där för?

[skratt]

Mathie: Stereon blev högre och högre, det bara sprakade spansk musik..

Johan: Ja precis, och man stod och skrek på mamma. Men morsan lyssnade inte, hon stod och dansade med nån.

[skratt]

Mathie: ..och farsan satt sur bredvid.

[skratt]

Mathie: ..och morsan hade en väldigt kort kjol, det såg ut som att hon endast hade ett skärp på sig när hon hade kjol..

[skratt]

Woolke: Du säger att du hade spansk musik, jag minns den här hemska dansbandsmusiken bara.

Johan: Åh, nej, morsan hon var ju poppis vet du, det var popmusik bara. Dr Alban och E-type, de där grabbarna vet du.

Mathie: Åh fy fan! Morsan köpte ju Mr Music vet jag. Vi hade ju cd-växlare då på den tiden, inte för att skryta eller nånting.. Vi hade ju det rätt bra ställt.. Med alkohol i kylen.

[skratt]

Mathie: Sex stycken skivor fick det plats. Det var ju Mr Music, det var Dr Alban, det var E-type..

Mathie: This.. this is the way.. this is the way i wanna live..

[skratt]

Mathie: Fuck you E-type ditt äckliga helvete! Tack för att du förstörde min barndom.

Johan: Det bästa dagen efter var även att man kunde gå runt och leta i påsarna ifall det fanns nåt roligt i de. Nån cool dricka..

Mathie: "Åh här är popcorn...som smakar öl."

Woolke: Jag hade alltid nån äckelgubbe som kom, nån kompis, som var full och gav mig typ en guldtia, som gav mig pengar på fyllan. "Här Jimmy, ta en tjuga och gör nånting.."

Mathie: Shit.. Det vi pratar om det är ju den här roliga oskyldiga åldern när man inte fattar nånting.. Sen så blir det roligt när man blir 12!

Johan: Då är man med och super istället.

~ Fantastiskt Fakta ~
TFK försökte få med Ricky Gervais som gäst.
Efter ett telefonsamtal och flertalet mail kom svaret:
"I´m afraid Ricky won´t be able for an interview."

Mamma.

Mathie: Jag tycker det är roligt när ungar som är små skriker "jävla hora" till sin mamma och grejer. "Jävla fitta!"

Johan: Åh shit vad pinsamt det är.. Jag vet det är en kompis till mig, och när vi var yngre, typ så här 14-15, när man var som hårdast.. Och han skrek alltid till sin morsa att hon var en hora ..

[skratt]

Johan: Jag skulle aldrig kunna göra det till min egen mamma! "Käften din jävla hora!"

[skratt]

Johan: Hur fan skulle det låta ..

Mathie: Jävlar vad stryk du skulle få.

Johan: Alltså även fast man har tänkt tankarna, jag skulle aldrig kunna säga en sån grej rakt ut.. Man sitter och.. När hon säger nånting till en då springer man alltid där ifrån, stampar hårt i golvet och går upp för trappen jättehårt, "Jävla hor..hrmf"

[skratt]

Johan: Man skulle aldrig kunna säga en sån grej rakt till henne, i hennes ansikte. Fan vad stryk jag skulle få om jag gjorde det..

Mathie: Ja.. Fy fan..

Johan: Jävlar!

[skratt]

Woolke: Men jag tror att då måste det va en speciell jargong hemma om man kallar sin morsa för hora jämt...

Johan: Och grejen var så här både hans farsa och jag var ju med, och hans morsa bara "Nä men Stefan ge dig nu.. Stefan, nejnejnej.. Säg inte så där!" "Käften jävla luder!" skriker Stefan då.

[skratt]

Johan: Och så gick han därifrån! Och pappan , "Peter! Kom och hjälp mig här nu, Stefan är trälig.."

[skratt]

Johan: Ja han skriker hora till dig, och luder och grejer.. Jag vet inte, du ska kanske göra nånting eller? Till och med jag, som kompis, blir så där "Nä du ska inte göra sådär till din mamma tror jag.."

Mathie: "Det är din mamma, ge dig nu."

Johan: Men egentligen, hon nästan förtjänar det med tanke på att hon inte gör nånting..

Mathie: Ja men det är slapp uppväxt.

Johan: Ja, fan..

Mathie: Bortskämda ungjävlar!

Mathie: Jävla kärring tror jag att jag sa till mamma nån gång när jag var liten. Då drog hon mig i håret.

[skratt]

Mathie: Johan då?

Johan: Jag tror jag pekade finger åt min svärfar..

[skratt]

Johan: Jag kommer ihåg! Det här var en nyårsafton.. Det var nästan så att bara lillfingret åkte upp... Men till slut så blev det att det långa fingret åkte upp i näven.. Det blev ett jävla liv och han jaga mig länge.

Johan: Vad är det värsta ni har gjort, till era föräldrar så där? Jag kan tänka mig att Woolke till och med var en sån som skrek "Fitta".

Woolke: Jag.. Nä inte ofta men jag vet att jag har bett henne hålla käften nån gång.

Johan: Gjorde du det när du var liten?

Woolke: Jag var så jävla förbannad en gång var jag, det här kanske var när jag var..

Mathie: Berätta anledningen först..

Johan: Varför var du tokförbannad för?

Mathie: Du fick inte röka inne..

[skratt]

Johan: Jo precis! "Sluta och röka i köket Woolke! Vi sitter för fan och äter!" "Men käft sa jag!"

[skratt]

Woolke: Nä det var så här, jag skulle ha nåt disco typ. Jag kanske var..

Mathie: Du skulle ha kalas din jävla idiot.

Woolke: Nä det var lite häftigare än disco var det..

Mathie: Ja, Swedish House Mafia kom..

Woolke: Jag var 13 kanske, 12, nä jag vet inte! Skit i åldern..

Mathie: Du hade Axe under armarna i alla fall..

Woolke: Ja det hade jag. I området där jag bodde fanns det en sån här gemensam lokal man kunde hyra om man bodde i området. Och så skulle vi göra det, så hade vi en cdspelare hemma som var morsans och min. Det var husets spelare. Och så sa jag att jag tar med den här, till mitt disco här. Jag inte vad morsan var arg över, hon sa bara nej. Och jag blev så jävla förbannad. Vi argumenterade så länge och sen vet jag.. Då sa jag håll käften eller nånting, jag ska visst ha den där, oh det blev..

[skratt]

Woolke: Jätteolustigt var det..

Mathie: Vad gjorde hon då?

Woolke: Hon började gråta eller nånting..

[skratt]

Johan: Fick du henne att grina! Nä fy fan.. Mår du dåligt över det idag?

Woolke: Jag tror helt ärligt att jag mådde dåligt efter det då med. Eller jag vet inte, det var ingen bra anledning tyckte jag.

Johan: Tror du hon ville ha sin 20.000 kronors cdspelare på en 13-årings disco?

Woolke: Nä..

Johan: Kan ha haft nånting med det att göra.

Mathie: Hon kanske inte ville att du skulle repa den där ABBA-skivan dom spelade medan du blev till? Scratchade på "Dancing Queen".. Jag tror du hade satt lite höga expectations på den festen, "Jag har det fetaste systemet, det är lugnt! Jag kan be morsan suga min kuk, jag ska ha det där jävla systemet!"

[skratt]

Woolke: Ja det var nog det.. Jag vet fan inte.

Mathie: Jag tycker det är ännu roligare för er att veta att Woolke har världens snällaste morsa.

Johan: Är hon fräsch eller?

[skratt]

Woolke: Om Johans mamma är en nia så är min en tia..

[skratt]

Johan: Hon är lite snyggare än min morsa!

Mathie: Vänta jag måste bara tänka på era..

Johan: Vad är Mathies morsa?

Woolke: Kan man gå under noll?

[skratt]

Woolke: Nääää... Mor din är snygg du Mathie, henne tar vi!

Mathie: Ja det gör vi!

Woolke: Hon är en tia! Henne bjuder jag upp på dans!

Johan: Nä, hon är en åtta, det får hon av mig. Hon är inte snyggare än morsan.

Mathie: Är hon inte?

[skratt]

Mathie: Vi hade en grannunge för övrigt och stod utanför hans hus. Plötsöigt kunde man höra "Käft jävla hora!" Sen flög det ut en mugg genom fönstret, ut på gatan! Så hade han bråkat med sin morsa att han inte fick köpa nåt tv-spel eller nånting. Han var verkligen en sån där som kunde be sin morsa suga hans kuk och grejer.. Jättekonstigt!

[skratt]

Johan: "Sug min kuk mamma!" Världens konstigaste kommentar!

Mathie: Jag måste tydliggöra, ja visst man kan ju säga saker till morsan men jag vågar inte..
Johan: Nää..
Mathie: Då har det vart så här "Morsan su.. *slap!*" Sen hade jag legat där.
[skratt]
Mathie: Knocked out! Nä det hade inte gått alltså.
Johan: Jag hade fått.. Jag vet inte vad som hade hänt ifall man hade sagt nåt sånt där.

~ Fantastiskt Fakta ~

Lill-Mats är en känd Kristinehamnsprofil som är ständigt återkommande i TFK. Med en rullator och ett irriterande humör kan man stöta på honom i Kristinehamns centrala delar.

Tider.

Woolke: Hade ni tider ni skulle vara hemma som barn?

Mathie: Det har jag aldrig haft!

Johan: Jo men det lär du väl ha haft?

Woolke: Nej, han hade ett koppel och så satt han fast där ute bara.. Och så fick han löpa..

[skratt]

Johan: "Då springer han ingenstans, ungjäveln!" Jag hade i vart fall tider kommer jag ihåg..

Mathie: Vad hade du för tid? Kommer du ihåg det?

Johan: Ja men det är det jag kommer ihåg! Jag kommer ihåg att det var nyårsafton och jag fick "okej" att va hemma innan 12...

Mathie: "Då missar jag tolvslaget din jävla hora!" skulle du ha sagt.

Johan: Ja precis! Det var ungefär så jag kände.

[skratt]

Mathie: Då är det ju ingen mening med det din jävla idiot!

Johan: När jag kommer hem så tänkte jag, jag lägger på den här ledsna läppen och tunnögat..

Johan: Ja precis, "Får jag va ute en liten stund till???"

Mathie: "Bara en liten stund till..."

Johan: "Nä du kan va hemma nu.."

Mathie: "Bara för att jävlas ska du va hemma kvart i tolv."

Johan: Då börjar jag tjaffsa med min styvfar. Vi stod och gapade åt varandra.. Jag blev så frustrerad men jag säger aldrig nånting, det vågade jag inte. Jag gjorde det enda jag kunde göra.. Jag kunde inte uttrycka det på nåt annat sätt än att bara peka ett finger åt dom.

[skratt]

Johan: Åh jävlar vad han jagade mig vet du! Jag springer som en idiot, då var det läggdags för min del.

Mathie: Bra att det är läggdags, och en blåtira.

Johan: Nej, jag har aldrig sagt nåt sånt där till morsan. Jag vet att jag pratat om det till och med, att ingen har gjort det.. Inte mina syskon heller.

Mina småsyskon skulle kunna göra det eftersom dom är lite så där också, men det är för att morsan är gammal. De är lite halvsladdisar kan man väl säga.

Tv-program.

Johan: Jag såg på Idol häromdagen..
Mathie: Oj!
Johan: Och då tänkte jag, vilket program skulle man absolut inte kunna tänka sig vara med i?
Woolke: Det är lätt för mig! Får jag börja??
Johan: Oj.. Vad hetsigt det blev där..
Woolke: Får jag börja???
Johan: Ja, du får jättegärna börja!
Woolke: Det jag aldrig skulle va med i är Lets´Dance för att jag kan inte dansa.
[skratt]
Woolke: Jag och tjejer..
[skratt]
Mathie: Åh vad roligt att få se hur det ser ut!
Woolke: Jag och tjejer...
Mathie: "Plats på scen för Woolke, från Tack för Kaffet.. "
Woolke: Jag och en tjej skojdansade..
Johan: "Jag och en tjej!"
Woolke: Käft Johan!
[skratt]
Woolke: Jag och fruntimmret stod och skojdansade igår..
Mathie: Hur gick det då?
Woolke: ..så sa hon att jag skulle skaka på axlarna..
Mathie: Vänta, varför sa hon det? Är det hon som var killen i dansen eller?
Woolke: Det var nåt jävla danssteg, skit samma..
Johan: Skaka på brösten! Hon sa "Skaka på tuttarna!"
Mathie: "Shake what your mama gave ya", sa hon.
Johan: Förklara danssteget.
Woolke: Ja men det är väl lite så! Det kanske är en sån, om jag hade haft gigantiska bröst så tänk dig att jag ska stå och slänga brösten fram och tillbaks.. Fast jag har inga bröst säger vi..
Johan: Säger vi ja, precis.
Woolke: Och jag skulle göra det med..
Mathie: Bitch-tits.
Woolke: Med axlarna på nåt sätt och jag kunde inte röra mig nånting, så stel jag var. Det gick åt helvete..
Mathie: Åh jag måste se det i verkligheten, fan vad roligt.

Woolke: Ja, men det kommer du aldrig få göra så det..

Mathie: Nä jag försökte ju dansa med tjejen här eftersom jag har sånt här latinamerikanskt blod så kan jag dansa automatiskt tror alla..

Woolke: Ja.

Mathie: "Nä men han har det där i blodet vet du! Det har ju alla svartskallar ju." Och jag är ju 8 meter längre än min tjej så det ser ju bara ut som att jag försöker våldta henne när vi ska dansa.

Johan: Precis som en pedofil.

Mathie: Ja typ! Det är gulligt tycker jag.

Johan: Du då! Nä just det Woolke, det andra också..

Woolke: Jo, i alla fall, först och främst jag skulle aldrig va med i Lets Dance, och sen det jag skulle kunna tänka mig att va med i är.. Ja men typ nån sån här äventyrsgrej då kanske skulle va nåt.. Fångarna på fortet slår jag till på! Fast jag skulle aldrig vara med i det ändå, men om jag måste välja nåt..

Johan: Skulle du va som den här midgeten där eller skulle du va delaktig och tävla?

Mathie: Woolke får va med och hålla upp tre nycklar.

[skratt]

Johan: Eller skulle du vilja va Fader Fouras..

Woolke: Fader Fouras är jag, jag ställer frågor!

Mathie: Gladiatorerna då!

Woolke: Nä.. Då skulle jag få jättemycket stryk känner jag.. Eller?

Mathie: Jag sökte ju till det en gång!

[skratt]

Johan: Shit! Det kommer in en alkis. En alkis på två meter dyker in.

Mathie: Ja. "Har du gått fel? Där har du det hemlösa hemmet."

Woolke: Ja men Mathie, vad skulle du göra? Och inte göra..

Mathie: Jag skulle kunna sälja mig för en sån billig peng vet du.. Så jag kan va med i vad som helst vet du.

Johan: Bortsett från pengar och alltihop. Du fick lika mycket av allihop.

Mathie: Alltså Let´s Dance är inget roligt ens tycker jag.. Fast jag är jättebra på att dansa så skulle jag inte tycka det var kul.. Erm.. Nej, Let´s Dance säger jag också för det är ett skittråkigt program tycker jag.

Woolke: Jaha..

Johan: Är det bara för att det är tråkigt eller vad?

Mathie: Nej men för att det är inte roligt att vara med där tror jag.. Det är mer den grejen. Och sen skulle jag kunna tänka mig att va med i Robinson, det skulle jag kunna tänka mig.

[skratt]

Woolke: Jävlar vad roligt, kan du inte va det?

Johan: Sån jävla överlevare vet du!

[skratt]

Johan: Han äter palmer det gör han!

Mathie: Nej grejen är att jag skulle få nån sorts infektion och halvdö, och när jag skulle bli hungrig då skulle jag döda nån annan och tro att det var verklighet, att vi verkligen var strandade, så jag skulle döda nån och typ.. Förvandla alla till slavar..

[skratt]

Johan: Flugornas herre.

Woolke: Johan då! Vad skulle du köra på? Och inte köra på.

Johan: Nånting jag inte skulle vilja köra på, då ska vi se vad det finns.. Vad finns det för jävla äckliga program idag?

Mathie: Du har ju allt, tänk dig dokusåpa, du har ju såna här..

Woolke: Idol, Fortet..

Mathie: Big Brother, Talang..

Johan: Top Model skulle jag inte vilja vara med i..

[skratt]

Johan: Mmm.. Top Model väljer jag där!

[skratt]

Johan: Sen väljer vi.. Vad ska vi ta sen? Nånting som man skulle verkligen vilja va med i.. Ja men det är ju typ som, Gladiatorerna tror jag skulle va jävligt roligt.. Det tror jag skulle va jävligt ballt.

Mathie: Jag tror att du skulle kunna klara det till och med.

Johan: Ja det tror faktiskt jag också.

Mathie: Jag med!

Johan: Jag skulle vilja va med i, "Vad blir det för mat?" Och bli servad av den där, vad heter han..

Johan: Morberg!

Mathie: Mo-berg!

Johan: Mo-Berg! Där skulle jag vilja va med.

Woolke: Där sa du nåt, matlagningsprogram kanske jag också skulle kunna tänka mig..

Johan: Käft, du skulle va med i typ så här barnprogram eller nåt.

[skratt]

Mathie: "Hej allihopa! Woolke heter jag! Idag ska vi kolla vad vi har fått för teckningar, Oj! Det ser ut som en kuk!"

[tyst]

Woolke: Ha-ha-ha..

Johan: Men är det nåt barnprogram som du skulle va med i Woolke?

Woolke: Nej. Det är inte det Johan.

Mathie: Disneydags!

Johan: Nä.. Du kanske ska ersätta han där som drar kokain, vad heter han?

Woolke: Ja, Ola Lindholm.

Johan: Ja precis! Ersättare.. Jimmy Woolke!

[skratt]

Woolke: Ja det skulle jag.. Det kör vi på!

Mathie: Låter bra.

~ Sagt Om TFK ~

"Är folk utvecklingsstörda som finner denna podcast underhållande? Det är noll substans i det de pratar om."

- iTunes-recension

3D-tänk.

Mathie: Vad gör du Woolke?

Woolke: Jag tittar på kartan här och försökte tänka ut...

Johan: Vad ligger ovanför Kanada?

Woolke: Arktik..?

Mathie: Berings sund.

Woolke: Det är verkligen inget, jag är dum i huvet' nu.. Jag försöker se det på en platt bild och försöker föreställa mig att den blir rund.. Det blir kortslutning i huvudet på mig.

Mathie: Vänta nu, du ser en platt karta och vill föreställa dig den rund?

Woolke: Ja men jag tänker mig hur man åker runt..

Johan: Man lappar ihop den.

Woolke: Jaha okej du försöker göra så.

Johan: Han tänker 3D.

Mathie: Jävlar.. Det fick man ju göra när man gjorde test till lumpen då när jag gjorde det.

Woolke: Ja..

Mathie: Som att jag vore.. 30 år äldre än er.

Johan: Det är du också!

Mathie: Nä det är jag faktiskt inte!

Johan: Du var tvungen att göra lumpen va, annars fick du fängelse?

[skratt]

Johan: Var det inte på den tiden?

Mathie: Nä men då fick man en bild framför sig så skulle man vika ihop den

Johan: Nej du blev skjuten istället!

[skratt]

Mathie: De skar oss med sabel.

[skratt]

Johan: Det var tio piskrapp!

[skratt]

Mathie: Ja just det! Bit i det här jävla läderrepet och så slår vi dig med en piska.

Mathie: Iallafall. Man fick man en sån här platt bild med olika streck på så skulle man vika ihop den i huvet' och peka på ett alternativ vilken av de det blev när den var ihopvikt. Man skulle ha 3D-tänk alltså.

Woolke: Ja.

Mathie: För jävla bra var jag.

Johan: Fick du godkänt?

Mathie: Nä alltså det var det att jag var FÖR jävla bra. Jag tänkte mer, "Hur får jag inte rätt på den här?" Vad jag än gjorde, försökte jag få så lite rätt som möjligt. Och det gick ganska bra, det sket sig totalt.

Woolke: Har du mönstrat Johan?

Johan: Mmm, jag har mönstrat.

Woolke: Vad gjorde du får att slippa lumpen eller var det bara...

Johan: Åh! Det var några historier, några så här snyft tynnhistorier.

Woolke: Jaså?

Johan: Ja, och så var det Mathies grej där, nä men "det här kan jag inte", man gjorde allt lite för snabbt. Man var klar med allting först.

Woolke & Mathie: Ja.

Johan: Styrka? Nä, jag var inte så jävla stark. Hon frågade till och med, "Lite mer kan du ta i väl, eller?"

Woolke: Du kom in med åttapack där och, "Äh, det här går inte..."

Johan: Ja just det ja.

[skratt]

Johan: Mönstrade du Woolke eller?

Woolke: Nej! Jag hade ansträngningsastma vet du Johan, så jag behövde inte ens mönstra.

~ Fantastiskt Fakta ~

Mathie och Jimmy klipper och lägger in ljudeffekter i avsnitten. De har tillsammans lagt ner ungefär 3000 timmar på redigering.

Sjuksyster.

Johan: An-sträng-nes-astma.. Jag kan inte ens uttala det.

Woolke: Jag vet inte om det ens finns.

[skratt]

Mathie: Det låter som fibromyalgi.

Woolke: Ja, jag tror det är det idag också.

Mathie: Du har ont i nerverna, fast du har ont i strupen.

Woolke: Men sjuksyster, jag gick till sjuksystern på gymnasiet och pratade om det.. Och så bara skickade hon in en lapp typ och that's it.

Johan: Varför gjorde hon det för?

Woolke: Ingen aning!

Johan: Hon var ju sugen. Hon var sugen på Woolke-dick.

Mathie: Ja just det, lägg upp den här på min handflata så ska vi se.

Woolke: Jag var inne och hämtade mycket grejer vet ni, kondomer och hon kände det att, "Den där jäveln skulle jag vilja trä på en kondom."

[skratt]

Mathie: Nä, det var mer, "Den där jäveln kommer inte använda nån kondom, så jag vet inte vem han försöker lura" Det var mer så.

Woolke: Nej..

Johan: Var du inne och hämtade nån kondom där ibland Woolke eller?

Woolke: Oh ja! Jävlar vad mycket kondomer jag hämtade där.

Johan: Mycket lyxrunk kan jag tänka mig.

Woolke: Ja det också! Allt!

[skratt]

Woolke: Var det inte tjejer så var det lyxrunk!

Mathie: Tjejer lyxrunkade till och med. "Nä inte ligga, men jag kan ge dig det här!"

Charlotte Kalla.

Woolke: Mathie och ditt falska Charlotte Kalla-twitterkonto. Vad hände?
Mathie: Åh, överdrivet.
Johan: Du har ju trätt fram här nu Mathie. Vad är dina tankar och vad har du att säga om det här egentligen?
Mathie: Jag är podcast-profil i media nu!
Johan: Ja det är, fifteen minutes of fame!
Mathie: Jag vet inte om det var fifteen minutes ens.
Johan: Totalt, om man slår ihop det till tid.. Din roll i "Allt faller"..
Mathie: Ja precis! Då är det nog 15,3 sekunder tror jag.
Woolke: Förklara bakgrunden lite.
Mathie: Ja, det var VM i skidor uppe i Falun och vi pratade om hur kall Kalla är. Alltså jag tror att hon är ett psyk faktiskt, det tror jag fortfarande.
Johan: Hur kommer det sig att du skaffade ett twitterkonto då?
Mathie: Nä, jag vet inte vad det va, jag tror jag följde VM i Falun-hashtagen. Och sen undra jag om Kalla har nåt Twitterkonto, nä det har hon inte.. "Tjoff! NU har hon!"
[skratt]
Mathie: Det jag har märkt är att det finns massa såna här tjutungar "Du kan inte! Stäm den där jäveln! Så där får man inte.. Stäm han på massa pengar!" Vadå stäm mig på massa pengar, är du 4 år eller?
[skratt]
Mathie: Folk följde aldrig henne. Jag fick bara 200 följare. Fick lite beundrar tweets, typ "Kalla du är best!", "Bäst" med med "e". När gulliga 12 åringar skickar sånt där att man måste man nästan skicka otrevligt tillbaka.
Johan: "Du er best!"
Mathie: "Käft! Stå inte i vägen horunge!" eller nåt sånt där eftersom hon skällde ut en 12 åring som stod i spåret på en tävling.
[skratt]
Mathie: Här är en Anders som vill ragga lite.
"Funderar på hur långt man skulle kunna nå om man hade haft samma hjärnvilja som Charlotte Kalla. #Vinnarskalle".
Johan: Att du inte skrev nånting på det, alltså bara var otrevlig.
[skratt]
Mathie: Men grejen var att hon hade så lite followers, det var därför.. För jag tänkte att eftersom hon har så lite followers så tror ingen att det är hon på riktigt.
Johan: Nä..

Mathie: En reporter skickade en tweet till mig, om han kunde få mitt nummer och ringa upp och prata lite.. "Ja absolut, här har du!" skickade jag till han. Sen ringer världens försiktigaste reporter upp,

> *- Ehh.. hej.. Ehh.. vad.. Är det du som ligger bakom Kalla-kontot eller?*
> *- Jajamensan det är jag!*

Mathie: Hela tiden under intervjun satt jag och tänkte att det inte får bli en för överdriven grej som att det här är uppenbarligen reklam för podden. Han frågade ju väldigt mycket grejer och vissa saker jag sa skrev han inte med, det tyckte jag var konstigt.

Johan: Det låter ju inte som att det var du som har sagt de där grejerna. Har du den artikeln framför dig Woolke eller?

Woolke: Ja, men innan vi läser Mathies intervju där så börjar vi med den artikeln som startade den här skiten då..

"Kalla rasar mot fejkat Twitterkonto. Någon driver ett Twitterkonto i Charlotte Kallas namn där de bland annat anklagar en 12 årig tjej för fusk. Nu rasar skidstjärnan! "Nu blir jag upprörd!" säger hon till NSD" som är nån annan tidning..

"Kontot på Twitter i Charlotte Kallas namn har funnits ända sen slutet av februari i år, och har mestadels skickat vidare harmlösa länkar till tidningsartiklar och liknande. Men på senare tid så har kontot som uppger sig vara Kalla, svarat andra personer."

"Bland annat anklagar den som uppger sig för att vara Kalla en tolvårig löpartalang för att ha fuskat under ett motionslopp. Hon fuskade och tog insidan vid ett tillfälle också, så skriver de."

[skratt]

Mathie: Åh jävlar vad jag skrattade när jag läste det.

[skratt]

Mathie: Jag tänkte skriva "horungen" först, men det var lite väl.

[skratt]

Johan: Varför skrev du "tog insidan"?

Mathie: Det var nåt lopp hon var med i och så var det nån tolvårig talang som kom före Kalla i loppet så var "Kalla" tvungen att skriva "Ja, men hon fuskade, hon tog insidan också!"

[skratt]

Mathie: Jag skrattade åt den själv faktiskt.

Woolke: *"Så sent som den 16 juni svarade hon på tv4 profilen Patrik Ekwalls uppmärksammade tweet om när hans bomullstopps fastnat i örat. NSD ringde* *upp Kalla och frågade om hon kände till kontot eller rent av vem det var som låg bakom det. När hon dementerat det och fått reda på vad som skrivs blev skidstjärnan mycket upprörd.. "Nej vad tråkigt, men usch.." säger hon och fortsätter, "Nu blev jag upprörd, jättebra att jag får veta för det hade jag ingen koll på.. Nej men gud! Det ska jag gå in och kolla."* Fy fan vad tråkig den här artikeln var!

[skratt]

Mathie: Ja, jag vet..

Woolke: Men nu kommer vi till den relevanta artikeln här! *"Han trädde fram! Låg bakom Kalla-bluffen!"* Är du inblandad i det här? Frågade han "Vad vill du ha för rubrik? Och du svarade "Han trädde fram!"?

[skratt]

Mathie: Alltså det var ju mer "Vad har du att säga om det här?" För på reporten så lät det som att det kommer bli en liten notis.

Woolke: Ah vi fortsätter!

"Charlotte Kalla upprördes över konto på Twitter där någon utgav sig för att vara henne. Nu träder mannen bakom kontot fram, Mathie Martinez, 31, en av medlemmarna i podcasten Tack för Kaffet! "Vill hon ha det så får hon gärna ta det, det är inga problem!" Fnyser han och spottar i näven.

[skratt]

Mathie: Vadå fnyser?

Johan: Fnyser han till vet du. Ja, men det är lite rim på Mathie! "Vill hon ha det får hon gärna ta det!" Det är nästan som att Petter skulle kunna ha sagt det.

Woolke: Fast det står ju, *"Vill hon ha det så får hon gärna ta det! Det är inga problem, säger han."* Det är lite så där, otrevligt nästan.

Johan: Vill hon ha det, så.. bara ta det.

Mathie: Alltså frågan var ju så här, "Vad ska du göra med kontot nu?" "Nä jag vet inte, alltså vill hon ha det så kan hon gärna ta det." Så var det. Vill hon ha det får hon gärna..

[skratt]

Woolke: Ja, *"Nu står det klart vem som ligger bakom kontot, Mathie Martinez, 31, som driver humorpodcasten Tack för Kafftet.. Som driver humorpodcasten Tack för Kaffet och startade kontot som en rolig grej. På sin Instagram har han publicerat en bild som visar hur han påbörjat ett inlägg på Kallas twitterkonto, till bilden har han skrivit "Oops!""*

[skratt]

Mathie: Vill du kommentera nåt Mathie eller?

Johan: Vad känner du? Vad känner du Woolke, det känns som att du.. Du.. Tycker det är löjligt.

Woolke: Ja, jag förstår ju Mathies grej här att det är ju roligt men när nån skriver om hur han har gjort låter det töntigt.

[skratt]

Woolke: "Till bilden har han skrivit "Oops!"" Det låter ju jättedumt!

Mathie: Men det är lite så man gör på Instagram, jag vet inte..

Johan: Det borde va den här "Oooooooooh.." Den effekten på det där. "Aaaw shit, damn son!"

Woolke: Det här gillar jag, här hör man ju att du tänker "nu vill jag få in podden litegrann här".. *"Det började genom podden som vi har. Det kan vara kul att ha något att prata om, det tog väldigt lång tid innan någon fattade att det var ett fejkkonto. Vi hade ändå länkat till vår hemsida på profilen. Jag tyckte det var konstigt att ingen la märkte till det, säger Martinez."*

Mathie: Det enda jag reagera på på hela artikeln, vet ni vad det var?

Johan: Nä.

Mathie: Att det står 31 efter Martinez.

[skratt]

Woolke: Men nu, det här var så jävla roligt.. Har du vart inne på Facebook och kollat på artikeln av deras där?

Mathie: Nej! Det har jag inte.

Woolke: Där är det så jävla bra! Här, Facebook är ju som Facebook är, och dessa äckliga människor som har svarat på det här.

[skratt]

Woolke: Ja! Då börjar jag läsa här, första kommentaren.. Från Lars, *"Heja! Stå på dig! Skäll ut knäppgöken."*

Johan: En gilla..

Woolke: En like..

[skratt]

Johan: "Människan är ju knäpp på riktigt som har gjort detta."

Mathie: Alltså, vilka är det jag har trampat på tårna egentligen?

[skratt]

Mathie: Är det frikyrkosamhället?

Johan: Får jag bara tillägga en grej, hennes profilbild är en katt och hon skrev det här klockan 23.30 i måndags.

Woolke: Ja, inget jobb..

Johan: Vad är det för kärring vi har framför oss, det är ett rödhårigt fittluder som röker cigaretter så in i helvete!

Mathie: Ja, "Inger! Hur gör en utropstecken?!"

Johan: Ja en sån är det.

[skratt]

Johan: Och dricker öl jämt.

Woolke: Sen har vi ju Tommy här då. "Detta är ju något sjukt om det stämmer. Låt denna fina tjej vara Mathie.."

Mathie: Varför.. Vad är.. Alltså på riktigt, är det samma person som har olika konton?

Johan: Sex gillade på den.

Woolke: Sen har vi det.. Alltså det här är bäst! Ulla här nere..

Mathie: Ja, vad är det nu då?

Woolke: Ulla vet du Mathie! Hon är, ah hon säger så här, "Så sjukt dumt! Blir så upprörd över alla dessa lurendrejjare!"

[skratt]

~ Fantastiskt Fakta ~
**Mathie, Johan och Woolke arbetade tillsammans på Anovo Nordic som mobiltelefonsreparatörer när de grundlade podcasten "Mathie & Johan Show".
Woolke var deras första gäst.**

Dödsfoto.

Johan: Förr i tiden var det inte ovanligt att fotografera en död familjemedlem eller släkting efter den har dött, det kallas för momento mori, som på latin betyder kom ihåg att du måste dö. Hur skulle ni vilja att ert dödsfoto ser ut?
1. Vilken miljö?
2. Vilken posé?
3. Vilket ansiktsuttryck?
Vi börjar med dig då Woolke..

Woolke: Jag har en direkt här känner jag.

Johan: Du får välja miljö först..

Woolke: En äng.

[skratt]

Johan: Okej.. Pose?

Woolke: Pose? Jag ligger ner..

Johan: Du ligger.. Hur ligger du ner?

Woolke: Händerna vilande på bröstet, det är sött. Alltså som en vampyr typ.

Johan: Typ leende eller vadå?

Woolke: Nä asså..

Johan: Det blir nästa fråga det! Vilket ansiktsuttryck?

Woolke: Ja just det ja. Nä vi lägger upp händerna på bröstet först försiktigt på den här ängen, och sen är jag.. Alltså tänk dig typ att nån ligger och sover, sen börjar han drömma om nåt härligt och bra.

Johan: Man börjar le lite..

Woolke: Ja men man ler inte fullt ut, lite busleendet i mungipan ser man.

Johan: Ja man ser..

Woolke: Han mår bra!

Johan: Ja, han mår jävligt bra!

Woolke: Ja, den kör jag på!

Johan: Fan vad äckligt!

Mathie: Hoppas nån fuckar upp det leendet så in i helvete.

Johan: Mathie, vilken miljö?

Mathie: Filmposter!

Woolke: Är det en miljö det?

Mathie: Nä men tänk så här, du vet när man är inne på museum när de har typ uppstoppade djur. En sån fast med filmposter, jag står med två uzis.

Woolke: Okej.. Men vad är det för miljö? En filmposter är ju ingen miljö! Står du i ett garage? Eller står du på..

Mathie: En brinnande bil!

[skratt]

Woolke: Ja okej!

Mathie: Sen står jag, lite som John McLane, Die Hard 3. När han är nere i tunnelbanan där och precis har hoppat av tåget, tänk dig den! Vitt linne, lite trasigt, lite blodigt, olja, två uzis. Så ser jag ut.

Woolke: Det första jag.. nej förresten, vi ska inte gå dit..

Mathie: Tänder..

[skratt]

Mathie: Så.. Vi gick dit.

[skratt]

Mathie: Och vi kommer aldrig gå därifrån.

[skratt]

Mathie: Någonsin.

Woolke: Johan! Vilken miljö? Du får fan inte ligga i skärgården! Du får byta nånstans.

Mathie: Du får inte sitta på Iron Throne heller..

[skratt]

Johan: Kuk!

[skratt]

Johan: Amen då tänker jag såhär, tänk dig en fin miljö här nu. Det är berg, det är landskap, det är berg, det är en..

Mathie: Ja, Nya Zeeland, Sagan om Ringen..

[skratt]

Johan: Tänk dig Boromir, första filmen.. Sagan om Ringen när han dör i slutet, de skickar ut han på en båt med ett svärd i handen, de skickar ut mig, jättelångt hår har jag.. Och så bara, alltså jag är inte så här hundra år..

[skratt]

Woolke: Du har långt hår också!

Johan: Jag är inte hundra år, jag är typ 30 bara, det är om ett år.. Sen bara glider jag ut sen åker jag ner för en fors..

Mathie: Kan vi inte bara vänta tills den har halvt brunnit upp?

Johan: Ansiktsuttryck, det är jätteseriöst, det är.. Det är tung musik i bakgrunden..

[skratt]

Woolke: Man får inte välja musik, det får man inte göra!

Johan: Fitta också! Ah jag vet inte, det blir en scen ur Sagan om Ringen i alla fall..

Mathie: Du vet ett sånt där kort man får när man fyller år, man öppnar till musik.. Jag ser framför mig att det är en sån bild.

[skratt]

Johan: *Nynnar*

[skratt]

Mathie: Åh det ser ut som en sån där hobbitdörr när de öppnar, så står du där inne..

[skratt]

Woolke: En sån där 3D-bild som du vinklar så rör sig vattnet. En sån där glittrig bild som man hade förr.

Mathie: I real size, så den är bara 2 decimeter stor den bilden.

Johan: Åh herregud.

~ Fantastiskt Fakta ~

Företaget som Mathie, Johan och Woolke startade åt TFK heter "Kam/Kant Production" och används till att boka lokaler och administrera Poddkassan.

Pensionen.

Johan: Hur mår du Woolke?

Woolke: Trött.. Det är jag.

Johan: Vad fan är det för fel?

Woolke: Jobb och.. Jobb och.. Jobb och en ska.. Förpliktelser hela tiden här!

Johan: Kan ni känna så ibland att man lite längtar efter att få bli gammal och bara släppa alla de här förpliktelserna som Woolke kallar det?

Mathie: Jag längtar inte dit utan jag längtar till innan där.

Johan: Ja.. Vadå innan där?

Mathie: Ja men..

Johan: Men tänk dig nu att du har jobbat med det jobbet du gör nu i 10 år!

Mathie: 10 år?

Johan: 10 år ja, kan du känna sen att nu vill jag fan i mig gå i pension?

Mathie: Jag skulle hänga mig i duschdörrens handtag. Där kommer jag hänga innan, jag jobbar inte på samma ställe i 10 år.

Johan: Ut med lite diskmedel på golvet, och fram med snoppen och runka lite samtidigt.

Mathie: Det skulle va en bra reklam för Yes!

[skratt]

Mathie: "Extra halt! Så du kan hänga dig över toan!"

Johan: "Flera stycken kan hänga sig samtidigt!"

Mathie: Ja precis!

[skratt]

Johan: Istället för massa rena tallrikar så är det bara folk som sitter och runkar och hänger sig samtidigt..

[skratt]

Mathie: "Hur många hängrunkare kan vi få med den här flaskan?"

Johan: "Hur många som helst! Med det här gamla sketna skiten från Lidl så är det tre stycken bara!"

[skratt]

Johan: Kan ni inte ha den känslan ibland? Gud va gött att bara gå i pension nu?

Woolke: Förtidspensionär kan jag längta till.

Johan: Du kommer ju aldrig bli det Woolke.. Det är ju kört för länge sen.

Woolke: Jo jo jo jo..

Johan: Nej! Du kommer gå i pension när du är 75..

Woolke: Aldrig!

Johan: Men jag däremot, när jag är 35 då är jag i pension.

Woolke: Fan vad gött.
Johan: Med 20.000 i månaden, resten av mitt liv.
Mathie: Åh jag har ont i nerverna, säger jag.
[skratt]
Mathie: När socialdeokraterna vinner får jag så jävla ont i nerverna..

~ Sagt Om TFK ~
"En fantastisk podcast som tar sig an svåra ämnen med en varm och vänlig hand."
- iTunes-recension

Porradresser.

Woolke: Jag tänkte att ni skulle få gissa på porrwebbadresser! Och sen ska vi se om de finns!

Mathie: Okej! Intressant!

Woolke: Ni får utelämna de klassiska, typ XXX.com. Lite kreativt måste det vara. Som till exempel cockandballs.com.

Woolke: Så får vi se vem som kommer först upp till tre poäng!

Mathie: Oj! Tre poäng!

Woolke: Yes! Mathie börjar.

Mathie: Asshot.com.

Woolke: Är det tre "S" där tänker du eller? Assshot?

Mathie: Två S. Det blir aldrig tre S på rad.

Woolke: "Klicka om du vill köpa det här namnet", så är det en naken kvinna.. Så det, nä! Den finns inte.

Mathie: Okej, fan..

Woolke: Inga poäng till Mathie, Johan har du några förslag?

Johan: Dick! Vänta.. Hugecock.com

[skratt]

Woolke: Hugecock.com.

Mathie: Det är ju jättelätt!

[skratt]

Woolke: Var inte så säker på det!

Mathie: Okej, jag har ett annat här sen.

Johan: Huge.. cock..

Woolke: Hmm.. Jag skrev in Hugecock.com och då blev jag omdirigerad till ratemycock.com..

[skratt]

Johan: Jag borde ju få poäng för den!

Woolke: Ja, jag tycker det ändå.

Mathie: För Johan vill att vi ska gå in och ratea hans kuk bara.

[skratt]

Johan: Det är en ny sida som jag har startat upp här, rate my cock!

Woolke: Ett poäng till Johan! Mathie!

[musik]

Mathie: Lip.. Liplicker.com!

Woolke: Liplicker.. Nu måste jag ställa en dum fråga, är det två P där?

Mathie: Nä, ett bara.

Woolke: Liplicker.com... Nä, det blev inget. Det var en nit!

Mathie: Ge dig på jätteavancerade Mathie som inte finns..

[skratt]

Mathie: Allt finns inom den här porrbranschen men inte de jag chansar på..

Woolke: Johan!

Johan: Pussyandcock..

[skratt]

Mathie: Du kan ju se om pussy and Lego finns..

Woolke: Pussyandcock.com..

Johan: Ja..

Woolke: Jo då! Där hade vi nått.. En jävligt dålig hemsida men det kan vi ju inte hjälpa.

Mathie: Åh jävlar!

[skratt]

Mathie: Det är en tjej som är upp och ner med två jättestora pittar i ansiktet?

Woolke: Nä den bilden får inte jag upp..

Mathie: Jag fick upp en helvetes massa här!

Woolke: Ja okej, två poäng till Johan här, Mathie nu får du börja dra in här om du ska vinna det här!

Mathie: Okej!

Johan: Jag har redan vunnit.

Mathie: Erm.. Latinocock.com.

[skratt]

Mathie: Pappa?

[skratt]

Woolke: Oj där kommer vi in på latinoboys.com!

Mathie: Oj!

Woolke: Det är mycket män är det.

[skratt]

Mathie: Jag gillar översättningen där uppe, *"Latino boys! Live stora kuk cams. Free big cocks lever på webkamera vid latino boys."*

Woolke: Just nu står det två – ett, Johan kan avgöra det här nu!

Johan: Whorecam!

[skratt]

Woolke: Nä det där är nåt du har vart inne på Johan, det..

Johan: Nä, det lät för bra!

Woolke: Whorecam.com..

Johan: Nä! Den finns inte, du får köpa däremot om du ville!

[skratt]

Mathie: Vad snabb du var där! "Men du får köpa om du ville!"

Johan: Du får köpa den ja!

Woolke: Mathie du kan göra två – två nu här!

Mathie: Okej! Nu får jag ångest. Rapeface.com!

[skratt]

Woolke: Rapeface! Om jag kommer in på barnporr nu då är det du som får ta skulden för det här..

Mathie: Det var så här va.. Eller.. It was like this va..

Woolke: Nä, det finns inte. Tyvärr! Det står två – ett än, Johan kan fortfarande avgöra det här.

Mathie: Dum i huvet' är jag..

Johan: Nu måste jag tänka lite här då..

Mathie: Jag tänkte på facerape, det är ju Facebook, det är ju inte..

Johan: Nej..

Woolke: Det är inte porr..

Johan: Asstomouth!

Woolke: Assto.. Nä, du kan få köpa den också Johan. Ja Mathie, kom igen nu! Två – två kan du göra!

Mathie: Asspee!

Woolke: Ass och pee som i piss alltså?

Mathie: Ja..

Johan: Asspee..

Mathie: Asspee.com, nu vill jag ha folk som pissar på rövar!

Woolke: Nä..

[skratt]

Mathie: Fan..

Woolke: Det är kört alltså!

Mathie: Alla domäner är upptagna utom de vi chansar på!

Johan: Fathookers!

Woolke: Oh! Där har vi nått! Fathookers.com, ska vi se.. Ja! Det blev det!

Mathie: Oj..

Woolke: "Extreme BBW porn videos, tjockisar!"

[skratt]

Mathie: Får jag prova min då en gång!

Woolke: Ja, nu har ju Johan vunnit för du började ju, så du har.. Men du kan få ett tröstpris här om du hittar nåt bra!

Johan: Jag då? Jag måste ju få nånting bra.

Woolke: Jo, du får en bra länk av mig sen Johan. Med lite klipp och grejer..

[skratt]

Mathie: Junglebooty.com!

Johan: Oh! Den är fin tror jag.

Mathie: Jag vill ha lianer, stora löv, och stor röv!

Johan: Junglebooty.. Welcome to junglebooty.com! Members area, please log in below och så är det bara username och password så vi har ingen aning!
Mathie: Ja men det är Mathie_30cm och sen är det password..
[skratt]

~ Fantastiskt Fakta ~
Det tog en månad innan TFK fick några mail.
Det första mailet kom från Woolkes kompis.
Hon tyckte synd om oss.

Barn.

Woolke: Jag stötte jag på en fin familj på bussen häromdagen... En mor kommer in på bussen, ser ganska trasig ut, crackjargongen var det. I alla fall, två ungar.. Lite lönnfeta är de också, och de gapar så till varann. Mamman, "Sätt er ner nu! Ta me.." de har med sig sparkcyklar och grejer.. Mamman sätter sig i mitten av bussen, ungarna de tjatar om att få sitta längst fram, och mamman hon bara, "Aah, sätter er där då och skrik över hela bussen!"
[skratt]
Woolke: Ena ungen sätter på sig ett bälte som det finns i moderna bussar. Och sen får han inte loss bältet så då börjar han grina. Så då skriker han...
Johan: Ungjävel!
Woolke: Så då kommer brorsan och ska hjälpa honom, och brodern har så feta fingrar så han får inte upp det där bältet heller..
[skratt]
Woolke: Och så mamman sitter och suckar där bak för hon vet att hon måste gå fram och hjälpa honom och han grinar...
Mathie: Mmm.. Hon måste resa på sig, jävla tjockis.
Johan: Jobbigt att hjälpa sin egen ungjävel .
Woolke: Ja, och sen just att hon bara satt.. Gå fram och säg nåt till ungjävlarna, nej hon satt och skrek på de bara.. "Sätt er ner där framme nu! Ge er nu! Tysta!"
Johan: Hon har ju släppt på alla tyglarna . "Jag skiter i allt!"
Mathie: Ja, jag ser framför mig hur hon ser ut också.
Johan: Tänk dig hemma hos dom, vilket jävla kaos...
Mathie: Skitigt måste det va.
Johan: Skitigt, luktar..
Mathie: Kattskit lär va, kattskit överallt..
[skratt]
Johan: Mycket kattbajs.. Ja men man kan bara tänka sig hur den där familjen är hemma.. De står och skriker åt varandra bara.
Mathie: "Nej! Ja! Håll käften!"
Johan: Ja precis..
Woolke: När man inte orkar engagera sig då blir det så där.. Då släpper man på det, sen skriker man.

Inredning.

Woolke: Jag tänkte på fula saker.. Inredningsdetaljer som folk som äger möblerna har. Till exempel drömfångare, det vet ni vad det är va?

Mathie: Åh, klassiskt.

Johan: Det känns som att det är väldigt speciellt folk som har en drömfångare hemma.

Mathie: Tatuering på axeln med en fjäder kanske, eller en indian.

Johan: Jag känner mer att morsan i hemmet kanske ser spöken och grejer.

Woolke: Ja!

[skratt]

Woolke: Undrar hur man skulle känna sig som pojk om mamma kom in så här, "Var inte rädd nu men jag hänger upp en jättestor drömfångare över ditt huvud. Det är bara för att det inte ska komma farliga grejer på nätterna.."

Mathie: Ja precis!

Woolke: Nu kan du va lugn! Planscher här med ylande vargar.. Det är ju extremt det, eller indianer..

Johan: Det ska inte va planscher, det ska va typ såna här tavlor. Stora glastavlor som väger 8 kilo.

Woolke: Paintbrushade..

Johan: Ja, precis. Mörk bakgrund med lite stjärnor, månen, och bara en ylande varg där framme med lite.. Och så lite träd och grejer.. Klockrent.

Woolke: Takfläkt!

Mathie: Helt fantastiskt!

Woolke: Takfläkt i vävt trä är bladen av va? Eller vad ska man säga? Sånt som nån har virkat.

Mathie: Som man aldrig förstår vilket läge man ska ha i när man drar i den där. "Nä nu stängde du av den Mathie!" "Okej.." "Ojsan skojsan! Nu satte du på lampan!" "Okej.." Sen snurrar den som fan!

Woolke: Sen är det ett härligt sånt här snöre som ser ut som typ geishakulor i guld som hänger ner.

Mathie: Ja precis! Jättefint.

Woolke: Och lampor i den är fint också, tre stycken spotlights i fläkten.

Mathie: Som bränner hål i golvet för de är så starka.

[skratt]

Mathie: Och sen en board på tapeten, ha en board uppe!

Woolke: Åh det är äckligt..

Mathie: Eller fondvägg..

Woolke: Det tapetserade jag när jag och tjejen flyttade till vår första lägenhet.. En board ska va i vardagsrummet sa vi. Fy fan vad fult!

Mathie: Jag målade över en board i våran första lägenhet.

Woolke: Du gjorde det?

Mathie: Ja.. Men jag satte dit en fondvägg för jag ville va viktig..

[skratt]

Mathie: Det ska va lite 99' sa jag. Vi fixar en fondvägg här, det är inne säger de.

~ Fantastiskt Fakta ~

Av alla ämnen som diskuterats i podden, höga som låga, har kritiken mot Lars Winnerbäck väckt absolut mest känslor bland lyssnarna.

Felsäg.

Mathie: Jag undrar om ni har hört eller har några roliga felsägningar på lager. En vän till mig kallade serien The Office för Off-is. Eller Off-ice. Och en annan väns mormor sa angående kanalen Discovery Channel, "sätter du på Discovery.." "" Disco-very den var faktiskt jävligt bra!

[skratt]

Johan: Alltså om man ska säga nåt som är relevant så är det ju många som säger E-Båla.

[skratt]

Mathie: Ja det har jag hört!

Johan: Ja, jättemånga! "Fan hur är det nu, alltså E-bålan har den kommit hit till Sverige?" Nä det var nån som blödde näsblod. Okej..

[skratt]

Mathie: Jag försöker komma på nån.

Johan: Ja men vilken var den här, vad fan var det mer..

Mathie: Jag vet också en polares mormor som sa Statiålen till Statoil, "Jag ska till Statiålen.." Okej.

Woolke: Ja men det känns ju, ofta när man stöter på det så är det ju de här äldre människorna som ska försöka sig på nya uttryck. Youtube är ju en klassiker.

Mathie: Mmm, jewtube eller?

Woolke: Ja, det finns massa olika böjningar på det ordet känns det som. Yutub. Ja det är mycket.

Mathie: Det är ingen felsägning men ordet podcast är ganska intressant för man använder ju aldrig brittiska ord i Sverige, jag tar ju alltid amerikanska men amerikanska är poddcäst. Ingen säger vi har en podcäst som heter Tack för Kaffet! Alla säger ju podcast. Och cast är ju brittiskt. Så det är lite, det tycker jag är intressant..

Woolke: Jag har ett annat exempel, det var en annan idiot som kallade Warszawa för Varsava.

Mathie: Oj!

[skratt]

Mathie: Var det Micke 4.6an, var det Micke Gläntan?

[skratt]

Mathie: Vem var det? Var det du eller Johan?

Woolke: Det var Johan.

Johan: Det var Woolke.

[skratt]

Johan: Käften! Det var så länge sen nu så att han kan skylla ifrån sig, det är ingen som kommer ihåg. Men jag kommer ihåg!

Mathie: Jag vet inte om det här också är en felsägning men det var en kille som misstog att han..

[skratt]

Mathie: Han sa att han var 1.80 lång, fast han var 1.60 egentligen.. Så det var väl en felsägning på centimetrar men det kanske inte spelar så mycket roll..

Woolke: Nä.. Nån tio centimeter hit eller dit.

Mathie: Trodde jag skulle få lite skratt av nån av er men båda var lite korta där eller?

Johan: Åh där fick han till det en gång till tyckte han.

[skratt]

Woolke: Jag känner en annan idiot som sa Part-ille, istället för Partille också.

Mathie: Ja det är en riktig dumjävel, det är samma person som sa Varsava är det inte det?

[skratt]

Woolke: Jag vet inte!

Mathie: Jag tror att båda ni har rätt roliga på lager, jag har ingen sån för jag pluggar på universitet..

Woolke: Fast det var ju du som sa Part-ille!

Mathie: Är du dum i huvet' på riktigt?

Johan: Jo det var det faktiskt.

Woolke: Jo det var det, minns du Johan också?

Johan: Ja, jag kommer också ihåg det.

Woolke: "Ska vi åka till Part-ille?" Nej Mathie för helvete. Part-ille, vem fan säger det?

[skratt]

Mathie: Det finns ju ett finns ett berg i USA som heter Y O S E M I T E.

Johan: Iosemite!

Mathie: Ja precis! Många säger "Jossemajt".

Woolke: Jag hade sagt "Jossemitt", det hade jag sagt tror jag.

Mathie: Ja, det heter "Jossemitty" också. Det var väl en cykel som hette "Yosemite" också tror jag?

Johan: Ja, det finns.

Woolke: Vad kallar ni den här cykeln, ett cykelmärke som börjar på C R E.

Johan: Kre-sent.

Woolke: Ja, heter det inte egentligen typ Creshent.

Mathie: Ja det heter Creshent men jag säger också kre-sent. Det är samma. Sen har vi det här vanliga när man säger olika saker om..

Woolke: "Gillar du kex eller chex?"

Mathie: Ja, precis! Det är alltid lika intressant att höra.

Woolke: Sen var det nån idiot som sa "kavijar". Det var ju märkligt.

Mathie: Oj! Var det samma person som sa Part-ille och Varrsava eller?

Woolke: Nej! Det var det inte. Det var nån annan..

Mathie: Vad har det att göra med egentligen? För ni är ju inte efterblivna per se..

Woolke: Det är väl bara inlärning och missuppfattningar..

Mathie: Ja, det är nåt ord som båda ni sa fel i början..

Woolke: Ja men det var, vad fan var det nu igen..

Johan: "I princip"?

Mathie: Ja! "Imprencip" ja.

Johan: Så kanske det var.

Woolke: Imrencip.. Ja, men det är så det heter! Imprencip.

~ Fantastiskt Fakta ~
# Ordet "öppenhjärtig" uttalas ofta "öppenhjärtlig" och "marrängsviss" uttalas ofta "marrängshwish".

Snabba frågor.

Mathie: Jag lyssnade så här på lite nya podcasts..

Woolke: Oj!

Mathie: Jag fick höra en podcast med två 17 åriga bloggare. Och då började de lite intressant som jag tänkte att vi skulle göra här.

Mathie: Jag ställer då snabba frågor för att man ska få veta lite, vad är det för snubbar jag gör podcast med egentligen! Jag vill att Woolke svarar först, och sen svarar Johan efteråt.

Johan: Okej!

Woolke: Japp..

Mathie: Är du en lanttjej eller en stadstjej?

Woolke: Stadstjej!

Johan: Lanttjej..

Mathie: Vilken är din favoritstad?

Woolke: Göteborg!

Johan: Björneborg.

Mathie: Stad är det..

[skratt]

Mathie: Inte hörn..

Johan: Karlstad..

Mathie: Ah bra. Vet ni vad en av bloggarna svarade? "New York, fast jag har aldrig varit där!"

[skratt]

Mathie: Vilket är ditt favoritland?

Woolke: Spanien.

Johan: Mexico.

Woolke: Fast jag aldrig vart där.

[skratt]

Mathie: Vilken är din största rädsla?

Woolke: Ormar.

Johan: Don't have any.

Woolke: Ska jag svara seriöst nu? Nu kanske jag förstör hela din grej här.

Johan: Nä jag vet inte. Jag svarade seriöst med Björneborg.

Mathie: Jag skiter i vilket.

Woolke: Ja okej.

Mathie: Jag lyssnar faktiskt inte ens på svaren om jag ska vara ärlig.

[skratt]

Mathie: Jag bryr mig inte.

Johan: Woolke, du har ett uppdrag. Gör det här kul, kör!

Woolke: Yes!

Mathie: Största rädsla?

Woolke: ...

Mathie: Mmm.. Det var roligt Woolke.. Johan!

Johan: Ja, eh.. Största rädsla.. Hmm.. Min största..

Mathie: Superman.

Johan: Ja precis, att jag ska förlora mina superkrafter.

[skratt]

Mathie: Just det ja, att du ska bli av med bicepsen. Vakna upp och så ha överarmar som mig.

Johan: Ja precis, nä jag vet inte riktigt.

Mathie: Okej. Favoritblogg!

Woolke: Åh, det måste ju va den här Kissies.

[skratt]

Woolke: Jag följde Storstads-Nils förut men han la ner.

Mathie: Okej.

Johan: Har han lagt ner! Storstads Nils..

Woolke: Nä jag vet inte.. Började han ens?

Mathie: Johan då?

Johan: Nä men alltså, bloggs.. Jag vet inte. Det är sjukt mycket bloggs nu den sista tiden alltså, jag är så jävla insatt i det här nu. Jag kör Ann-Kristins. Sol och vår. Den är sjukt bra! Berättar allt om hur man gör gödsel, olika krattor, det är mycket handarbeten.

Mathie: Hur många läsare får hon på ett inlägg om krattor? Är det mycket?

Johan: Ja hon har ju säkert flera.. Hon tjänar hur mycket pengar som helst på det här. Det är flera hundra tusen. Det är krattorna i alla fall som jag tycker är mest intressant.

Mathie: Favoritintresse!

Woolke: Det är väl shopping och city.

Mathie: Johan..

Johan: Det är väl bil, bilarna.

[skratt]

Woolke: Det låter som en perfekt kombo!

Mathie: Favoritplagg i garderoben?

Woolke: Oh, det är det här breda skärpet jag har.

[skratt]

Mathie: Det bruna?

Woolke: Ja..

Mathie: Som gör att du får smal midja?

[skratt]

Mathie: Johan?

Johan: Nä men jag måste nog välja mina Ralph Laurens t-shirtar alltså. Fan de är tajta alltså.

Mathie: Flera stycken alltså?

Johan: Ja det är två stycken..

Mathie: Favoritdricka?

Woolke: Fanta!

Johan: Rosé.

[skratt]

Mathie: Favoritfärg!

Woolke: Oh! Det är ju gult på sommaren, och rött på vintern.

Johan: Har du två favoritfärger Woolke!

Mathie: Mr Fashion!

Johan: Åh, två favoritfärger! Har du så många favoritfärger så du inte kan välja en?

Woolke: Jo men jag måste ha per årstid Johan vet du. Det går inte..

Johan: Vad har hänt! Jag hörde att du ska flytta hem till hålan igen..

Mathie: Ja flytta hit! Sälj den där gula dunjackan du har!

[skratt]

Johan: Ah jävlar.

Mathie: Johans favoritfärg då?

Johan: Röd!

Mathie: Röd..

[skratt]

Mathie: Faluröd färg det är det finaste..

Johan: Rööööö! Rö' färg ska vi ha!

Mathie: Favoritdjur! "Det är katten!"

[skratt]

Mathie: "Jag har två katter!"

[skratt]

Johan: "Jag har två katter!"

Woolke: Nä men min favorit det måste ju ändå va..

Johan: Du får inte säga katt nu för då slår vi dig!

Woolke: Nej men det är ju guldhamstern.

[skratt]

Mathie: Ah du har ju en sån, med en Rolexklocka på. Världens minsta handled. Johan!

Johan: Hund!

Woolke: Johan vart seriös på det där.

Mathie: Ja men det har han ju vart halva..

Woolke: Han skäller ut mig för färgerna och grejer..

[skratt]

Johan: Va tittar du ut för och börjar håna! "Johan är ju... Johan är ju..." "Jag säger guldhamster.."

[skratt]

~ Fantastiskt Fakta ~

Ett återkommande tema har vart Mathies höga ålder. Han är äldst i TFK och född 1984. Johan är född 1985 och Woolke blev till 1986.

Vitsar.

Johan: Kan ni nåt sånt här gammalt skämt? Typ, det var en gång en tysk, en dansk, och en bellman.
Mathie: Ja..
Johan: Ja kör.
Woolke: Inte i huvet' fan.
Mathie: Nä fan, det var ju jätte längesen man hörde de där..
Woolke: Bellmanhistorier heter det..
Mathie: Jag har ju den här, den här gamla klassikern..
[skratt]
Johan: Ja, kör!
Mathie: Ah, det var ju två tomater då..
Johan: Nej..
Woolke: Nä..
Mathie: Vadå? Vadå! Har ni hört den?
Johan: Den gills inte.
Mathie: Får jag dra en bellman då?
Johan: Ja men du får inte googla!
Mathie: Jag har inte googlat nånting Johan!
Johan: Nä, du har så mycket bellmanskämt framför dig nu så du får.. Woolke du måste ju ha nåt skämt!
Woolke: Jo nu kom jag på! Bellman är turist i USA, han kan inte ett dugg engelska men han är hungrig och vill köpa en skinka av en slaktare. När det är hans tur försöker han..
Mathie: Berättar du historien baklänges nu? Jag förstod ingenting.
[skratt]
Johan: Nä inte jag heller.. Scrolla upp Woolke för du läste inte hela.
Woolke: Nähä, vänta.. Nä fan jag kan inte bellman.
Mathie: Men den här har ni hört, den här gamla klassikern.
Johan: Men fan! Sitt inte och läs..
[skratt]
Johan: Det blir inte bra då.
Mathie: Jag läser inte! Men du kommer höra om jag läser.
Johan: Jaja, okej.
Mathie: Bellman, tysken, och dansken tävlade om vem som hade längst flaggstång.. Tysken sa, "Min flaggstång är så lång att den når molnen..
[skratt]

Gissa ålder.

Mathie: Jag har för mig att du är jävligt dålig på att gissa ålder jag.

Woolke: Jaså?

Mathie: Ja, jag har för mig att, är det inte du som är så jävla kass? Eller är det Johan?

Woolke: Det där vet jag inte vart du har fått det ifrån.

Mathie: Okej, vi gör så här. Hur gammal är Lotta Engberg?

Woolke: Ja hon är ju 52! Nej, hon är mer för fan, förlåt.

Mathie: Nä nu har du sagt 52.

Woolke: Egentligen är hon 62 menar jag.. Jag sa fel.

Mathie: Du sa 52. Hon är 51.

Woolke: Hora!

Johan: Oh! Fan det där var du grym på Woolke!

Woolke: Ja, bring it!

Mathie: Johan!

Johan: Ja vi kör, kör!

Mathie: Hur gammal är Lena Philipsson?

Johan: Hon fyllde fan 40 i år tror jag. 45..

Mathie: Va sa du? 40 eller 45?

Johan: 45..

Mathie: Och hon är på riktigt 170 cm lång faktiskt!

[skratt]

Johan: Hon är längre än dig Woolke!

Mathie: 48 år är hon!

Johan: Ah just det, det var nära! 45 sa jag! Woolke! Lasse Kronér?

Woolke: Oh Lasse vet du. Lasse..

Man kan inte tro det men han är faktiskt 63..

Johan: Jävlar, du var ju fruktansvärt dålig på det här. Han är 51!

Woolke: Nej! Han ljuger om åldern för fan.

Johan: Vi tar en Bingolotto till här då.. Leif Oskar Olsson.

Woolke: Loket..

Johan: Loket ja..

[skratt]

Mathie: Oskar Olsson..

Johan: Han heter det!

Woolke: Ja.. Loket ja, han fyller 70 år.

Mathie: Han är fan mycket äldre, 75 tror jag. Nä.. Så gammal är han inte.

Johan: "Han är fan mycket äldre!" Fem år.

[skratt]
Johan: Vad tror du då?
Mathie: 73.
Johan: Fan vad tråkiga ni är..
Mathie: Hur gammal är Arne Hegerfors? Johan!
Johan: Arne Hegerfors blir 69 i år..
Mathie: Det var inte långt ifrån, 71, han är lika gammal som Loket.
Johan: Oh jävlar.. Jag har faktiskt spottat på han en gång.
Woolke: Varför det?
Johan: När jag var liten. Jag var i Globen vet du, på hockeymatch, så stod han där..
[skratt]
Johan: Så spottade.. Jättekonstigt, men det var ju den här tiden när man hade sugrör och var på McDonalds. Tog loss lite papper, tugga papper och spottade på folk. De gick ju som skott de där! Då stod han där med sin flint och grejer då "Pff! Så! Här har du på benet"
Mathie: Det lät som att du var 20 år och spottade han i ansiktet först. Men sen att du sköt papper på han som 15-åring, det är helt okej.

~ Fantastiskt Fakta ~
Vad är det för typ av händelser som avhandlas?
Det är mycket bus och stoj. Som när Anners såg en traktor och blev överexalterad och sprang mot den. När Jesper blev glömd på Maxi medan jag handlade jeans skrattade vi också gott en stund.
- Mama Magazine intervjuar Mathie & Johan
om deras barn Jesper och Anners. De har inga barn.

Att vara nöjd.

Woolke: Jag har en fråga till er! Och frågan lyder på detta sätt..

Mathie: Vem blir årets jordgubbsodlare!

Woolke: Nä! Men det finns två typer av människor tänker jag.

Mathie: Svarta och vita?

Johan: Män och kvinnor?

Woolke: Det finns två typer av människor. Det finns först de människorna som är nöjda med tillvaron, de säger att "Äh va fan, jag reser inte utomlands, jag tar husvagnen ner till Böda och så är jag där.." De som är nöjda med tillvaron. Och sen finns det de människorna som är i andra änden, som aldrig är nöjda med tillvaron. Nya utmaningar och det händer något hela tiden. Vilka människor tänker ni är mest lyckliga av dessa två?

Johan: Kan man säga att det finns en genre av människor som är nöjda med tillvaron?

Woolke: Ja men mest nöjd då!

Johan: De människorna som är mest nöjda med tillvaron, de är ju typ 92 år och kommer snart ska dö.

Mathie: Nä, det finns.. Alltså kollar du på Ullared och den här Böda Camping skiten så är de ju 45-50 år vissa av dom och är jättenöjda över att bara komma ner dit på sommaren. Det är det bästa de vet att komma ner fyra veckor från bruket vet du..

Johan: Ja men det är ju de som lever bäst eller?

Mathie: Ja det tror jag, för de är inte på jakt efter nånting.

Johan: Nä precis.

Mathie: De har något. Om de vinner en miljon så skulle de fortfarande göra det..

Johan: Man vet inget bättre kan man väl säga.

Mathie: Nä precis. Vill till Grekland nån gång, men det blir aldrig av för jag vågar inte flyga..

Johan: Nej..

Woolke: Jag tänker mig alla vi tre inte är på det sättet. Vi skulle inte nöja oss med den tillvaron, inte för att det på nåt sätt gör oss häftigare. Lever vi fel då? Ska vi försöka bli mer som de som är nöjda med det lilla livet eller?

Johan: Hur i helvete blir man det undrar jag.

Mathie: Det går nog inte tror jag.

Johan: Det går ju inte..

Woolke: Är det för att de är dummare? Att de inte förstår att det finns mer att hämta eller är det bara för att de har hittat, jag vet inte?

Johan: Nä men jag tror det handlar om ålder helt enkelt. Alltså man kommer ju hitta och va nöjd med tillvaron när man är äldre känner jag.

Mathie: Alltså de flesta 40-talister är väl så? Det här med att växa upp i arbetarsamhället och ja, då kan vi åka ner dit på fyra veckors semester, det är klart.

Johan: Ja, 70 år gamla.

Woolke: Men jag har fan även stött på folk i min ålder också.. Det känns som att dessa människor kommer stanna på samma jobb jämt.. De är inte mycket för att åka utomlands. Och de påstår sig i alla fall, eller de verkar utåt sett vara nöjda med det. Inte bara ren åldersgrej tänker jag..

Mathie: Tragiskt..

Johan: Är det verkligen det då?

Woolke: Ja det är det jag undrar. Är det tragiskt verkligen? Är det inte lika tragiskt med människor som är för mycket åt det andra hållet som bara så här, "Åh vi ska åka dit och dit och dit och dit, göra det här, det här, det här, det här, nytt nytt nytt hela tiden! Vi måste göra det här.." Är inte det..

Johan: Ja men i mina ögon så ser jag det som att det är en självklarhet. Alltså jag tycker det är livet känner jag. Men jag kan förstå de som kanske aldrig vart ute och rest, och nöjer sig med det de har idag. Alltså förstår du vad jag menar? Det är inte.. Ingenting negativt så sett, utan jag typ fattar båda delarna
.

Mathie: Men från våra ögon blir det det.. Vi vet inte vad som är på andra sidan.. Fan du är helt jävla efterbliven!

Johan: Ja men fortfarande kan man ju förstå de.. Alltså man kan tänka sig in i deras sits.

Mathie: "Jag nöjer mig med det här ja.."

Johan: Ja, så jävla nöjd med livet..

Mathie: "Jag trivs bättre häää... Där jag kan lukta på blommorna.."

Johan: Ja, men sen samtidigt vet man ju att de lever i sin lilla bubbla. Kollar på tv4 nyheterna sen går de och lägger sig.. Och så vaknar de och åker till bruket, jobbar 7-5, övertid.. Kanske kommer hem vid sju. Åker hem, slår kärringen, äter lite sen går och lägger sig.

Woolke: Om jag utgår från idag, när jag kommer bli nöjd.. Det är väl när jag har en inkomst som är det dubbla tänker jag mot vad jag har nu..

Johan: 10.000..

Woolke: Ja..

[skratt]

Woolke: Ja men det tänker jag. Det dubbla ungefär, sen vill man säkert alltid ha mer pengar ändå men vi säger det. Jag bor i ett boende som jag är väldigt nöjd med.

Johan: Vad är det för boende då?
Woolke: Jag vet inte, jag är ju nöjd just nu också.
Johan: Ett ålderdomshem..
Mathie: Intagen.
Johan: När nån börjar torka rövhålet på mig då räcker det.

~ Sagt Om TFK ~
"Lyssna med risk att folk tror man har en hjärnskada när man sitter på bussen och garvar som ett fån"
- iTunes-recension

Leva för evigt.

Woolke: Om ni skulle få chansen att leva för evigt, skulle ni göra det då? Och det är bara ni, ingen annan.

Mathie: Nej det skulle jag inte! Det är ett ganska enkelt svar.

Johan: Jag kör!

Woolke: Johan lever för evigt?

Johan: Jaja men, kör bara.. Det jag mest undrar över då, det är ju att när det har gått typ, vi säger en miljon år..

Mathie: Jorden har gått under..

Johan: Jorden har gått under, vad gör jag då?

Mathie: Du svävar i rymden..

Johan: Är det så bara eller? Svävar jag runt då?

Mathie: Ja det får ju Woolke bestämma, han är ju gud nu.

Johan: Ja det var det jag undrar.. Ja du är gud Woolke.

Woolke: Ja men vi säger så här att..

Johan: Får jag superman skills, kan jag åka i ljusets hastighet bara?

Mathie: Överallt!

Johan: Överallt, kör!

Woolke: Nej, går jorden under då dör du. Men det är ju ungefär så långt kvar som man tror, vad de nu tror att det är.. Hur många miljoner år det är.

Mathie: Gud vad B.

Woolke: Får jag höra på Mathie först här, varför vill du inte leva för evigt?

Mathie: Ja men alltså, att bli av med alla man känner hela tiden..

Johan: Det kan du ju bli idag med.

Mathie: Alltså jag.. Ja absolut.

Woolke: Du får ju nya också!

Mathie: Ja precis, men att hela tiden göra det där.. Ah den här kommer jag känna i 80 år, eller nä det kommer jag ju absolut inte att göra. Men honom kommer jag känna i 40 år kanske. Och sen bara försvinner de och dör.. Sen är det nya hela tiden, att ta farväl av alla, jättejobbigt!

Johan: Sen om typ så här 5000 år då kommer man på, ah men vi kan reviva allihopa som du känner, det är lugnt.

Mathie: Jaha det är en ny grej där.

Johan: Ja men det vet man ju inte!

[skratt]

Johan: Det har du ingen aning om.

Mathie: Nä det vet man inte..

Woolke: Johan sitter och väntar 3 miljoner år på att den här uppfinningen ska komma.

Johan: Ja precis! Sen går jag bort till din grav och bara pissar..

"Så.. din jävla tönt, du hade chansen men nej, nej! Ska inte reviva dig din jävla kuk", säger jag.

Mathie: Får jag ställa en fråga där?

Woolke: Ja.

Mathie: Du sa att han dör bara om jorden går under. Men om alla på hela jorden flyttar till månen, måste han va själv då?

Woolke: Ja fast nu, det är ju inte..

Mathie: Får han flytta till månen då?

Woolke: Vet ni vad det här är? Det är en beskrivning av en av filmerna du har sett Mathie, så vi går inte in på såna detaljer.

[skratt]

Johan: Ja just det ja.

Mathie: Alla har bytt planet för jorden är så jävla nedfuckad, och så bara.. Johan är den enda som inte kan flytta, han får va kvar för han är odödlig på jorden.

Woolke: Mathie fick inte va med i leken längre Johan.

Johan: Nej!

Woolke: Nä men vad tänker du då Johan? Du som skulle kunna tänka dig att leva för evigt?

Mathie: Som är kvar ensam på jorden.

[skratt]

Johan: Du som dör om 5 år Mathie.

Woolke: Du som kan tänka dig att leva för evigt då Johan, vad tänker du? Varför skulle du kunna tänka dig att göra det?

Johan: Jag vill tillägga att jag är kluven till det. Om man fick välja.. det skulle ta lång tid innan jag bestämde mig..

Mathie: Men du måste bestämma nu!

Johan: Nä, jag vet inte.

[skratt]

Woolke: Jag tänker.. det är ju hemskt. Jag är också kluven för det.

Johan: Man vill ju inte förlora alla nära och kära.. Alltså om och om och om igen.

Woolke: Tänk så här Johan. Du glömmer ju bort de efter ett tag.

Johan: Ja det lär man ju göra!

Woolke: Eller efter ett litet tag, men sen kommer det ju en ny kvinna in i livet.

[skratt]

Woolke: En ny 20 åring, fräsch. Frugan har blivit 90 eller nånting, och du är kvar i den åldern du är idag.

Johan: Nä jag lever för evigt, kör!

[skratt]

Woolke: Det kommer en ny hund, en ny katt, ett nytt hus..

[skratt]

Woolke: Om man lever för evigt och man stannar i åldern som vi är nu. Den man är ihop med och ser varandra varje dag kommer det ju bli, "Oj! Nu är du 80 plötsligt!". Man lever ju ihop hela tiden. Det är ungefär som med min fetma där, man märker det inte. För det hände successivt.

Johan: Den bara kommer, "Oj! Då var man fet också!".

Woolke: Men när tror ni man märker på sin tjej eller fru eller vad fan det är man är ihop med. När tror ni att man märker att shit, nu börjar du bli gammal alltså..

Mathie: Jag tror det är när du ska äta frukost och hon säger, "Jag tror jag har bajsat på mig.."

[skratt]

Mathie: Hennes ögon är helt dimmiga. Med vilsna och dimmiga hajögon tittar hon på dig och säger, "Mamma..?"

~ Fantastiskt Fakta ~
Titeln "Shoblainx" vann en omröstning av lyssnarnas inskickade titelförslag. Andra titlar som föreslogs var bl.a "Mycket Pubis", En Kaffelös Podcast", "Är Rövhålet Ett Öppet Sår?" och "Jag Tänker Fan Inte Betala".

Ålderstecken.

Mathie: Ser ni några ålderstecken på er själva?

Johan: Jag ser inte likadan ut som jag gjorde förr! Man märker en liten skillnad hela tiden och. Man ser ju inte the big picture. Tappar tänder.

[skratt]

Woolke: Ja. Större rövhål.

Johan: Större rövhål!

[skratt]

Johan: Jag skjuter ut bajset ur röven. Blåser ut alltihop!

Mathie: Hemoroider så kalsongerna står rakt ut.

Woolke: Jag tänker mig så här.. Den enda gången då jag tänker att man verkligen märker skillnad är när man typ ser ett kort på sig själv eller nåt liknande från tidigare, för när man dagligen ser sig själv i spegeln. Det är ju inte så att jag en dag märker, "Fan nu.. Oj!". Tunnhårigheten är en sak.

Johan: Det är skillnad att vara gammal och gammal, just i relation till ålder. Om man säger till exempel att man är 10 år och kollar på dig till exempel Woolke, så ska de bestämma en ålder. De kan ju säga "Nä, han är 55!" Eller vad som helst! De ser ju dig som en skitgammal människa, det gjorde man ju då! Men om man kollar på oss idag så är ju vi nånting i mellanskiktet.

Mathie: Vi är gubbar fortfarande tror jag.

Johan: Vi är inte gamla, och vi är.. Vi har ju inte det här gamla utseendet för nu när vi tänker gammalt, ja då är det lite rynkor, lite grått hår och så vidare och så vidare.. Eller hur? Men vi har väl inte riktigt det än?

Woolke: Vi har inte ens fått mustasch än Johan.

Johan: Fan jag kan ju inte va gammal nu!

Mathie: När ska ni sluta se ut som ägg?

[skratt]

Johan: När ska du sluta se ut som att du är 50 år Mathie?

Mathie: Jag vet.

Johan: Jag tror att det kommer bli jobbigt sen när man är typ runt 50-60, det är då man inser att man är gammal.. Jag tror inte man ser att man är gammal. Man får de här småhintarna hela tiden, att "Oj! Fan, nu har jag fått ett grått hårstrå. Oj! Nu var det nån rynka där", eller vad fan man nu än tittar på. Sen när man är 60 år, det är då man verkligen ser att "Kuk! Jag är jävligt gammal, och min ålder säger ju sjukt mycket. Jag kan dö vilken dag som helst av en ålderssjukdom. Hjärtat slutar slå bara."

Prime.

Mathie: Man är väl i sin prime när man är 30 eller?

Johan: Den är passé för dig alltså?

Mathie: Nä men jag menar alltså att man är alltså rent fysiskt och psykiskt, allt är väl totalt uppbyggt när man är 30? Sen går det väl ut för eller?

Johan: Ja det känns..

Mathie: Eller är det senare kanske? 40?

Woolke: Fast om jag frågar..

Johan: Alltså psykiskt tror jag mer att det är 40..

Mathie: Ja ja men skit i psykiskt! Fysiskt tänkte jag..

Johan: Ja fysiskt har du säkert så här mellan 25 och 30 där någonstans..

Mathie: Det borde ju va lite äldre tänker jag.

Johan: Ja men typ 25, vi säger 30-35 då?

Mathie: Fast där säger jag emot mig själv! För elitidrottare är ju sällan över 30..

Johan: Jo men då tänker man ju..

Mathie: Sen finns det UFC fighters som är över 40 år.

Woolke: Men om vi frågar dig Mathie så här då, känner du dig fräschare i kroppen nu än vad du gjorde för 5 år sen eller tvärt om?

Mathie: Nä för jag har aldrig tränat så mycket som jag gör nu heller.

Woolke: Nä i och för sig, men det kanske är mer underhållning då som gör det?

Mathie: Ja, det är det jag tänker..

Woolke: På tal om.. Vi pratar om hur gamla vi ser oss och hur gamla ungar ser oss. En tjej, en 18 årig tjej..

Mathie: Ja..

Woolke: Hur ser hon på oss tre? Vad är vi för henne? Är vi..

Mathie: I vägen för snygga killar..

[skratt]

Woolke: Nä men vad är vi! Är vi en..

Johan: De gamla gubbarna!

Woolke: Är vi en sån här, "Oh ett äldre ragg som jag träffade upp!", eller vad är vi till de? Vad är vi för 18 åriga tjejer?

Mathie: "Den där var ett tag sen den var snygg!"

Johan: "Fast jag kan tänka mig att han såg jävligt bra ut förr!"

Mathie: Nä jag tror att man bara står i vägen..

Johan: Ja det tror jag med..

Mathie: Jag har aldrig sett mig själv som snygg så det är svårt det där..

Woolke: Nä det har inte jag heller gjort.. Men..

Mathie: Skämtar du med mig eller?

[skratt]

Woolke: Jag menade dig..

[skratt]

Mathie: Vi är ju.. Jag tror vi är mellantinget mellan..

Woolke: ..en kille och en man.

Mathie: Nä, en äcklig lärare och dressman modeller tror jag vi är..

Woolke: Nä men fan, hur gamla tror du vi är?

Mathie: Nä men hur vi ses i 18 åringars ögon.

Woolke: Men vi är ju inte George Clooney-killar. George Clooney är ett bra exempel, det känns som att yngre tjejer.. En 20-åring kan uppskatta George Clooney som en snygg äldre man, eller hur? Vi är ju inte George Clooney..

[skratt]

Mathie: No shit!

Woolke: Men vi är inte så gamla att vi är snygga äldre män..

Johan: Jag tror Woolke kommer bli riktigt snygg när han blir gammal.

Mathie: Det tror jag med!

Woolke: Jag har ju inget hår Johan..

Johan: Ja men det är ju det som är så jävla vackert!

Woolke: Jaha jag är flintsnygg?

[skratt]

Johan: Du kommer va den här sexiga gubben med lite flint, man ser att du fortfarande är lite viral. Kuken står upp på dig när du knullar. Tänk dig Bruce Willis..

Mathie: Jag tänker att Johan han har bra hår när han är 60..

Woolke: Det tror jag med..

Mathie: Med så här gråa ränder i, skitsnyggt!

[skratt]

Johan: Ja precis!

Woolke: Han är en av få killar som är snygg gråhårig!

Mathie: Gubbrutmage har han vet du, lite solbränd, och sen rutmage..

Johan: Sliskig känner jag då.. Jag känner den här sliskiga gubben, inte den här..

Mathie: Äntligen fått hår på bröstet och åker båt.

[skratt]

Mathie: I hård vind. Med det gråa håret.

Johan: Men jag tänker med Woolke, han blir ju snygg när han blir gammal. Jag tror inte jag blir snygg när jag blir gammal.

Woolke: Blir jag det?

Mathie: Jag tror jag kommer få MS jag så jag kommer få sitta i rullstol.

[skratt]

Mathie: Jag kommer bara gå sönder..

[skratt]

Mathie: "Men hade inte Mathie sett bra ut om de här jävla grejerna till ben hade funkat för honom?"

[skratt]

Mathie: Så tror jag faktiskt.. Men det finns ju det där, man är i sin snyggaste tid nånstans i livet. Har ni vart där eller kommer ni komma dit?

Woolke: Jag tänker mig.. När jag tänker mig att jag såg som bäst ut i mitt eget huvud.

Mathie: Ja, man kan ju även ta när man hade som minst komplex.

Woolke: Ja, men jag tänker mig när jag var typ 17 där.. Jag inbillar mig att.. Jag säger inte nu att då var jag som snyggast men i mitt huvud då hade jag nog bäst självförtroende om mitt utseende, när man var 17.

Mathie: Jag vet att min tjej tyckte Woolke var en av de snyggaste på hela skolan när ni gick i småskolan.

Woolke: Men har du sett de andra som gick där eller?

[skratt]

Johan: Ja, men dit ska man nog gå! Jag tror att man var populär runt femman eller nåt sånt där.

Mathie: Ska man dra det så långt så hade jag ändå tjejer trots att jag hade de där tänderna i ansiktet.

[skratt]

Mathie: Så jag måste ju ändå sett bra ut, fast jag hade ett handikapp.

Johan: Fast det var ju inte det de spelade på, de ville ju bara va ihop med en utländsk kille. Han är chilenare, han har stor kuk.

Mathie: Ah just det. Han kan dansa.

[skratt]

Johan: "Han kan dansa!"

Mathie: "Han har stora tänder.. Men han har stor kuk också!"

Johan: "Skit i tänderna! Han kan dansa och han har en stor penis."

Woolke: Han är lite lik DJ Mendez.

[skratt]

Mathie: Ja! Jag hade min prime när DJ Mendez var stor..

Johan: Ja precis!

Mathie: Nä, jag tror att min snyggaste period komma skall. Nångång.

Johan: Vilken ålder är det då?

Mathie: 40 tror jag att jag ser bra ut.

Johan: Din farsa, han är ju typ så här 70 eller nåt sånt där va?

[skratt]

Johan: Han ser inte en dag äldre ut än 50.

Mathie: Nä!

Johan: Där är det jävligt bra att va utländsk tror jag, man får med sig åldern på sin sida. När man kliver upp och blir gammal, då ser man inte gammal ut längre.

Mathie: Jo, så är det nog.

Johan: Tror du det?

Mathie: Ja..

Woolke: Spännande att se! Jag vette fan.

Mathie: Du var snyggast när du var liten Woolke?

Woolke: Det enda jag kan säga är att jag hade bäst självförtroende om mitt utseende när jag var runt 17 år.

Mathie: Och du kommer aldrig bli så snygg som du var när du var 17?

Johan: Ja det är ju om du fixar håret..

Woolke: Eller om det nu är så att jag åldras bra, det vet jag ju inte än.

Johan: Ja men jag tror faktiskt det.. Tänk dig Woolke 45 år..

Mathie: Oh, det är en bit det.

Woolke: Det kan ju hända mycket..

Johan: Han har så mycket magrutor och det..

Mathie: Gamla snickarbyxor han köpte när han var 30..

Johan: Råtajta korta jeans har han..

Woolke: Tänk nu Johan att ryggen kan bli mer ostbågig, jag blir så här krokig.. Släpper ner axlarna.

Woolke: Jag tänker mig Johan som.. Det är inte att du försöker va snygg men du bär dig på nåt sätt. Du skiter helt och hållet i det, du skiter i ditt utseende men när du är ute och klipper gräset blir du populär där i området.. Folk går några varv extra och tittar på Johan när han klipper gräset.

[skratt]

Mathie: Och han får de där jävla brudarna som är 18 år vet du, "Har du sett han den där snygga pappan där uppe? Eller farfarn där uppe som klipper gräset jämt?"

[skratt]

Johan: "Han är 85 år men fitta vad snygg han är!"

Mathie: "Ah jävlar när han går där med grässklipparen på axeln vet du, helvete!" Woolke är lite mer, "Har du sett han 60 åringen på avdelning 5 där?"

[skratt]

Johan: "Han är 35 säger", de då.

Mathie: Ja just det. Han använder brevinkastet som ögonhål när han tittar för han är så jävla böjd.

Woolke: Eller så blir det så att jag bor ensam med 20 katter och bara sitter i fönstret och tittar hela tiden.

Johan: Ja precis..

Mathie: Klösmannen kallar de dig!

Johan: Ja, det är mycket tomma mjölkpaket i badrummet. 5000 olika mjölkpaket.

Mathie: Det sägs att han dricker kattmjölk.

Johan: Men Mathie, vart har vi Mathie då om 20 år?

Woolke: Fy fan! Han har glasögon jämt.

Johan: Han har, ja fruktansvärt dålig syn! Han ser en halv meter framför sig.

Woolke: Det här säger ingenting, du kan va sexig i glasögon det vet jag inte, men du har det i alla fall.

Mathie: Ja..

Johan: Han har DET, det har han. Det är nånting med hans höfter när han dansar.

Mathie: "Han ser helt efterbliven ut men jävlar vad bra han kan dansa!"

~ Fantastiskt Fakta ~
# Låten som ofta spelas när något är sorgligt i podcasten heter "I Will Remember You" av Sarah McLachan.

Blekna.

Johan: Kan ni nämna det godaste men samtidigt det mest äckliga man kan trycka i sig i sin kropp? Jag åt kanelbullar i Malaysia. De påminner så jävla mycket om cinnamon buns som finns i USA. Fast den här var snäppet värre. Man såg inte bullen, det var bara ett glas med typ vätska, och så i den nånstans så var själva bullen. Det var så mycket klet var det! Man drack bullen.

Mathie: Åh fy fan..

Johan: Har ni ätit nåt sånt där riktigt vidrigt?

Woolke: Alltså nånting jag kan lägga in i den där kategorin som inte är så, en dessert, men det är ju nudlar, det käkar jag ibland.. Och det tycker jag är så här, gott men samtidigt jävligt vidrigt bara efteråt.

Mathie: Till mat har jag ätit nudlar och smörgås tre dagar i rad nu.

Johan: Mmm, jag åt nudlar för 20 minuter sen.

Mathie: Jag är så jävla äcklig. Jag har gått upp typ 5 kilo på fyra dagar.

Johan: Bara i ansiktet Mathie.

[skratt]

Mathie: Bara på kuken Johan.

Johan: Du är blek och jättetjock i ansiktet!

Mathie: Usch, vilken vidrig människa.

Johan: Hur går det för dig egentligen?

Mathie: Nä, jag vet inte vart jag är nånstans.

[skratt]

Johan: Summera din vecka med fem ord!

Mathie: Är det morgon eller kväll?

[skratt]

Johan: Vad är det för liv du lever, berätta lite! Vad har du gjort idag?

Mathie: Jag har vart inne hela dagen.

[skratt]

Johan: Jag ser det!

Mathie: Jag har persiennerna fördragna, "Vad är det, sol eller vad?" Nä, det har vart moln och regnat.." "Ah, vad tråkigt.."

Johan: Du ser gul ut..

Mathie: Ja jag vet.

[skratt]

Mathie: Jag vettefan vad som har hänt.. Det går utför för mig!

Johan: Och knäet har verkligen pajat också.. Vi sa ju det förra gången vi sågs "Ja men, det kommer inte bli nåt allvarligt av det där eller? "Nä nä nä, det där kommer läka!"

[skratt]
Mathie: Ja.. Helt okej..
Johan: Så går han omkring och haltar.
Mathie: Ja, det gör så jävla ont hela tiden nu.
Johan: Han ser ut som en gammal pirat.
[skratt]
Mathie: Tabletter.
Johan: Du kommer halta resten av ditt liv, du vet det va?
Mathie: Ja, jag vet det..

~ Fantastiskt Fakta ~
"Ska den inte heta Tack För Kaffet Podcast då?"
- Johan Swärd i februari 2011

Ny på jobbet.

Woolke: Det här med att börja på ett nytt jobb tänkte jag på. Att komma till en helt ny arbetsplats där man inte känner någon. Man ska sätta sig i personalrummet för första gången och det är stelt och man berättar att man är från Värmland och det är nån som blir fascinerad och börjar..
Johan: "Har ni isbjörnar?!"
Mathie: Ja.. Säger att man har rappat..
Woolke: Ja.. Nä, det kläcker man inte ur sig direkt.
Johan: Varför inte då?
Woolke: Nä jag vet inte.
Johan: Det bara är så..
Woolke: Ja.
Mathie: "Är det nåt mer du vill berätta än att du bor i Göteborg där Woolke, och är från Värmland?" "Ja, jag har Sveriges roligaste podcast också!"
Woolke: "Men vad är en podcast?"
Mathie: "Men det är radio på internet".
Woolke: "Skitsamma, jag ska visa dig en låt jag har gjort istället!"
[skratt]
Mathie: "Ah jag åker skateboard också!"

~ Fantastiskt Fakta ~
Yngsta TFK-prenumeranten
är 10 år och den äldsta är 67 år.

Bearnaisesås.

Woolke: Jag bor i Göteborg men jag har ingen cykel.

Johan: Varför skaffar du inte cykel för?

Woolke: Ja, jag vill ha en cykel. Men jag ska ha en tv först!

Johan: Har du inte skaffat en tv-jävel än?!

Woolke: Nä men fan, jag ska betala av Klarna på 7000:-, jag har gått i ett jävla Lyxfällan-träsk här nu.. Jag måste bli av med det först.

Mathie: Jag älskar Lyxfällan! "Hur mycket tjänar du då?" "Ja 19.000:- efter skatt.." "Och hur mycket sprätter du då?" "23.000:- i månaden!"

[skratt]

Johan: Hur tänker folk när de lever över sin egen ekonomi?

Woolke: Du kan fråga mig Johan! Jag kan berätta hur jag tänker..

Johan: Lever du verkligen över din egen ekonomi?

Woolke: I slutet på förra månaden Johan, när pengarna var slut. Då beställde jag pizza på faktura.

[skratt]

Johan: Nää!

Woolke: Jo, det är sant!

Johan: Vad kostade den pizzan? 500 spänn? Med ränta och grejer..

Woolke: "Nä jag har inga pengar.." "Men du! Här! Avbetala istället!"

[skratt]

Johan: Haha! Delbetala en Capricciosa-pizza vet du..

Mathie: Var det berneaise-sås med i alla fall?

Woolke: Ja det var berneaise med, och dricka fick jag med också..

Mathie: Ja men då är det klart.. Då är det lugnt.

Woolkes Creek.

Johan: Har ni något ni känt att ni vart för gamla för?

Woolke: Nä, jag vet inte.. Jag kollade ju på Dawsons Creek gjorde jag när jag var lite för gammal, det känns ju lite äckligt..

Mathie: Nä men det kan man väl inte va för gammal för eller?

Woolke: Kan man va 14 år och sitta och kolla på Dawsons Creek, samtidigt som man är ute och ska börja kröka typ?

Mathie: Nä men det var väl inte så jävla farligt..

Johan: Dawsons Creek, 1998 kom det.. Och pågick till 2003, när är du född Woolke? Är du 86:a eller?

Woolke: 86:a ja.

Mathie: Önskade du då att du döptes till James Vanderbeek eller?

Woolke: Nja men jag vet inte, jag ville nog vara honom. Dawson. Han var lite. Ville bli regissör och sånt. Det tyckte jag var häftigt.

Mathie: Vem är Creek då?

[skratt]

Johan: Vad handlar den skiten om?

Woolke: Alltså det är ju typ en sån här, vad ska man säga.. En tonårsserie med draman och intriger i en liten stad bland ungdomarna. Kärlek, svek, sorg.

Mathie: Ah fy fan vad vidrigt!

Johan: Som Beverly Hills-serien?

Woolke: Ja, typ så.. Inte lika mycket humor i kändes det som. Det var lite mer gråta. Du har ju nåt Mathie, det vet jag!

Mathie: Ja. Jag funderar över hur gammal jag var när jag och syrran var sjuka och hyrde "Pippi på de sju haven". Jag vet att jag kände då att.. Fan det här var inte lika bra som när jag var liten.

[skratt]

Johan: Och då satt du där med din lillsyrra som var några år yngre och tyckte det var superbra..

Mathie: Mmm, men jag..

Woolke: "Jag kanske borde klä på mig nåt.. Det är lite märkligt att ligga här i bara kalsonger och hon ligger där utan bh".

[skratt]

Johan: "Det här helt normalt! Råfräs, det är helt normalt!"

Mathie: Jag ville hela tiden leka indianer för jag hade ett tält i byxorna..

[skratt]

Astrid Lindgren.

Woolke: Var det Selma Lagerlöf eller var det Astrid Lindgren som var lesbisk?

Mathie: Selma va? Hon var halt och lesbisk tror jag.

Woolke: Jaha okej.

Mathie: Hon kunde bara få tjejer på vänstersidan för hon gick runt i cirklar.

Woolke: Astrid gick på barn istället.

Johan: Vad gjorde Selma Lagerlöf då för nåt roligt?

Woolke: Hon har gjort den här gåsen som flyger, Nils..

Mathie: "Nils Karlsson Gåsflygaren", eller vad heter han?

Woolke: Ja.. Sen försök komma på något mer hon har gjort. Jag tror inte ni gör det. Det är ingen som vet nåt annat Selma Lagerlöf gjort.

Mathie: Var hon en one-hit-writer?

Johan: Ja det var hon.. Nä men "Nils Holgerssons underbara resa genom Sverige" vet du. Det är grejer det. Finns det nånting som ni kan titta på idag som ni tycker är bra då?

Mathie: Ja. Den enda anledningen till att jag inte skulle på det idag är samma anledning till att jag inte kan se "Die Hard 3". Jag har sett det för mycket, man har sett sönder det. Annars tycker jag Pippi är jävligt bra!

Woolke: Är det så?

Mathie: Ja, jag tycker det. Jag tycker fan det är bra.. Jag gillar att de lyfter fram tjejer som starka individer.

Johan: Mongo-strength..

Mathie: Pippi har jag alltid gillat faktiskt. Väldigt otäck tycker jag hon är nu. Hon som spelar Pippi..

Woolke: Oj!

Mathie: Ingrid Nilsson eller Inger Nilsson eller vad hon heter..

Woolke: En tjej som äter för mycket steroider känns det som.

Johan: Vad var det mer då? "Lotta på Bråkmakargatan" Det känns som att vi var typ runt 10-11 eller?

Mathie: Jag tror jag var i sån där, käft-morsan-ålder när den kom. "Ska vi inte kolla på Lotta på Bråkmakargatan då?" "Käft morsan!" En sån grej kanske..

Woolke: Tror du det?

Mathie: 1992.. Jag vet inte.. Nä jag tror inte jag var det 1992..

[skratt]

Johan: "Käft morsan då!"

Johan: Hur gammal var du, 15 då eller?

Mathie: Nä, jag gick ur gymnasiet 92.

Johan: Han tog studenten!

Mathie: "Vi har tagit studenten.. Ah, kolla här är ju den nya filmen 'Lotta på Bråkmakargatan!'"

[skratt]

Johan: Du var inte gammal då Woolke!

Woolke: Nä vad kan jag varit då, oj jag var 6 år då!

Johan: 6 barre vet du!

Woolke: Nej 8 blir det va? Född åttiosex.. Nä, 6..

[skratt]

Johan: Hur går det?

Woolke: Jag skulle glänsa lite där.

[skratt]

Mathie: Man kan göra så här. Hon Lotta i Lotta på Bråkmakargatan, hon är lika gammal som Woolke.

Johan: Är hon det?

Mathie: Japp.

Woolke: Är hon snygg idag eller?

Mathie: Det var precis det jag skulle komma till nu.

Johan: Hon ser sjukt gammal ut!

Mathie: Hon ser sjukt konstig ut!

Woolke: Vad heter hon då?

Mathie: Grete Havnesköld.

Johan: Det är klart hon gör! Det är bara såna jävla ungjävlar som får såna här roller.

Mathie: Hon ser lite estet ut, får man dra den kamkanten?

Johan: Ja, det kan du absolut få göra.

Mathie: Men hon som spelade Tjorven i den fruktansvärda Saltkråkan. Det var väl det sämsta som gick på tv eller?

Johan: Men var inte det bra eller?

Mathie: Nä, en tjock unge som tror hon äger ön.

[skratt]

Mathie: Käften!

Johan: Precis, med sin hund.

Mathie: Tjorven äter snor, det är därför det heter Saltkråkan.

[skratt]

Johan: Ja precis, salta kråkor.

Mathie: ..och de Teddy och Freddy och Benny är alldeles för stora för att springa runt utan tröja. Jättekonstigt att de gjorde det. Fan vad fruktansvärt...

Johan: Sen var det den här Ronja.

Mathie: Hon ser ju ut som ett helvete hon också.

Woolke: Men en annan sån här, som kom lite senare som jag kan uppskatta är ju Berts Dagbok. Klimpen han är ju fan bra alltså.

Johan: Såg inte det så mycket när jag var liten. Konstigt..

Woolke: Det stod "Käft" på ryggen på hans rygg med vit text.

[skratt]

Mathie: Ja just det. Idag hade det stått "Kuk". Nåt som jag tycker är lite konstigt är Nils Karlsson Pyssling..

Johan: Ja just det ja.

Mathie: Den där jävla ungen var så bögig. Tyckte jag som barn också, minns jag.

Johan: Ja! Jätte!

Mathie: Pysslingen. Han typ så här, "Ah jag är.. Du får komma ner nu Bertil för jag är så jävla rädd!" Tror jag det var, jag vet inte.

Johan: Och så grinar han..

Mathie: Ja så ska han hålla om honom.

Johan: Ja! "Håll om mig, ta mig mellan benen.."

Mathie: "Va jag är glad att jag har dig.." Ah fast det är två grabbar, det är jätte konstigt för mig som är osäker på min sexualitet när jag är 6 år eller 10 eller vad fan jag nu var.

~ Fantastiskt Fakta ~
**Woolke hade många drömyrken som barn.
Regissör, tandläkare och mountainbikeproffs är några.**

Tandläkaren.

Woolke: När man gick till tandläkaren som barn och innan man gick in till tandläkaren så bad föräldrarna en att borsta tänderna jämt?

Mathie & Johan: Mmm..

Woolke: Är inte det väldigt konstigt? Vad är det, ska man dölja att man är en dålig förälder? Eller vad är det de försöker göra där?

Johan: Det var den enda gången mina föräldrar sa, "Nu ska du borsta tänderna Johan!"

Woolke: Ja det var ju så!

Johan: 10 gånger per år när jag skulle gå till tandläkaren.

Woolke: Ja.. Bättre om det är fel i munnen på en, då får de väl hitta det.. Nä "Borsta bort alla bevis nu, ta bort det där!"

Mathie: Men det är väl lättare att se?

Woolke: Nä jag tror det var att de inte ville bli sedda som dåliga föräldrar bara.

Johan: Men det håller i än idag..

Woolke: Ja det gör det, jag håller med dig.

Johan: Jag kommer ihåg min morsa, hon borstade tänderna på mig på toaletten inne hos tandläkaren.

Woolke: Så gick man och hämtade den nyckeln med en stor träbricka på..

Johan: Just det ja!

Mathie: Just jävlar!

Woolke: Och sen stå och borsta tänderna där inne..

Johan: Ja, jätte konstigt. Och hårt, "Håll käften för fan nu borstar vi tänderna!" [skratt]

Woolke: Får en tandborste ner i halsen..

Mathie: Och det roliga när man ska ta kort inne hos tandläkaren, när man får tugga på den där lilla plastbrickan som är gjord av rakblad. [skratt]

Woolke: Fast den har de än idag. Varför gör de inte det bättre?

Mathie: Ja, jättekonstigt. "Nä det ska göra ont."

Fantastiska fakta.

Mathie: Jag tycker det är dags för en Mathies fantastiska fakta!

Woolke: Ja, det vill vi ha!

Johan: Kör!

Mathie: *Grundaren av Mitsubishi, Yataro Iwasaki, han hade en gammelfarfar som var samuraj.*

Woolke: Han var asiat va?

Mathie: Ja han var japan. *Pirater har en lapp för ögat för att ha ett öga för ljuset på däck, och ett öga för mörkret under däck.*

Woolke: Är det så alltså? Det var intressant.

Johan: Det där är ju bullshit!

Woolke: Men när man tänker efter Johan, vad beror det på annars? Att alla har blivit blinda på ett öga tänker jag..

Johan: Nej, alla pirater gick inte runt med en lapp för ögat..

Mathie: Men det är i alla fall det Woolke.

Johan: Nej! Falskt!

[skratt]

Mathie: *Bruce Lee rörde sig så fort när de filmade han så att han var tvungen att sakta ner sig för att man ska kunna hinna se hans rörelser i filmen.*

Johan: Mmm.. Det är sjukt snabbt det.

Mathie: Mmm, typ så här!

[skratt]

Mathie: *Skaparen av Pringles begravdes i ett stort Pringles rör.*

Johan & Woolke: Mmm...

Mathie: Det är "mmm" på såna som är dåliga har jag märkt nu.

[skratt]

Woolke: Det är såna tveksamma som man blir så där. Det är inte dåligt men det låter lite otroligt kanske.

Mathie: Den här vet jag vad ni kommer svara på! *Om man viker ett papper på mitten 42 gånger så når det till månen.*

Woolke: Ah det.. Nej Mathie. Det kan ju inte bli mer volym för att man viker.. Eller jo det blir det ju i och för sig, men.. Nej, nä!

Mathie: Jo men.. Think about it!

Woolke: Ja jag försöker tänka på det..

Mathie: Think about it!

Woolke: Det går inte Mathie.. Nej. Skojar du, skojar du nu eller? Du skojar! Är det bara ett skämt nu? Att det skulle räcka till månen..

Johan: Det är sant!

Mathie: Om du tänker att du vikt ett papper jätte jätte hårt, så har du vikt det fyra gånger.

Woolke: Ja men, ja, men om jag viker det.. Nåt som är rimligt då, jag kan vika ett papper tio gånger i alla fall.. Det borde ju typ räcka en kilometer eller nånting?

Mathie: Men det här är samma sak som den som säger att om du..

Woolke: Ah det blir väldigt mycket fort när du gångrar upp.. Ah, mmm.. Okej.

Mathie: Det är rätt häftigt faktiskt.

Woolke: Jag ska testa imorgon, hur långt jag kommer.

Mathie: 8 gånger tror jag man kan vika det.

Woolke: Okej.

Johan: Jävlar vad han pissar på "Mathies Fantastiska Fakta"!

Mathie: Okej Woolke. Jag ska försöka göra det här lite intressantare. *Floyd Maywether var den högsta betalda atleten 2013, och slog nummer två med över 20 miljoner dollar. Han hade två fighter det året, och det gör att han tjänar 87,5 miljoner dollar i timmen.*

Woolke: Är han boxare eller MMA-fighter?

Mathie: Boxare.

Woolke: Känns som att boxare har lite försvunnit tack vare MMA lite, känns det inte så?

Mathie: Jo men de tjänar så fruktansvärt mycket mer än MMA.

Woolke: Ja.. Det är väl mycket större antar jag.

Mathie: Han har 49–0 i matcher. Han är ju så jävla sjukt bra. *I Australien så får du 200 dollar i böter om du rör ett elektriskt staket eller stängsel som gör att du dör på en gång.*

Woolke: Ja okej.. Det är en sån här märklig lag alltså. Får jag bara flika in här bara, har inte alla hört de här USA lagarna i olika delstater.. Ligger du med en gris upp och ner så får du dödsstraff typ.. Kan de va sanna verkligen?

Mathie: *Frankrike avrättade folk med giljotin när första Star Wars filmen kom.* Det är jättesjukt.

Mathie: *Nordkorea och Finland är delade bara av ett land.*

Woolke: Ja det där är sjukt! Det är det.

Mathie: Jättetråkigt om man tänker efter.

Woolke: Ja det är samma som att tänka att man är väldigt nära Ryssland om man bor högt upp.

Mathie: *Mammutar levde fortfarande när de stora pyramiderna byggdes.* Den är cool!

Woolke: Det är sjukt! Det var de sjukaste fakta du bjudit på faktiskt.

[skratt]

Woolke: Nej jag hånar inte nu, det gjorde jag verkligen inte!
Johan: "Det sjukaste jag hört!"
Woolke: Det var på riktigt mindblowing, men jag måste dubbelkolla det här.
[skratt]

~ Fantastiskt Fakta ~
**Researchen inför "Fantastiska fakta" består av
50% listor på nätet, 25% tweets och
25% googlande på amazing facts.**

Tack För Kaffet Podcast

Flip and the flop.

Mathie: Mathies fantastiska flip and the flop. Vad kan man säga om det?

Woolke: Det är väl en framtidsvision av prylar du tror kanske man kan fixa..

Mathie: Ja! Precis, bra!

Woolke: Det är uppfinningar som du har kommit på på pappret.

Mathie: Alltså jag är så jävla orolig att det här redan finns för det är så bra grejer ibland.

[skratt]

Mathie: Jag ska inte hypa upp er för mycket, men det här är bland det bästa jag har sagt.

[skratt]

Mathie: Vi börjar med det här då! Jag har namn på de. Vi börjar med "Headscreen"!

Johan: Headscream?

Woolke: Okej?

Mathie: Du har en dator i knäet och du ska kolla på film. Det är så jävla dålig 3D upplevelse här, men då fäller du en skärm från ena sidan av skärmen, vänstersidan av skärmen, runt bakom huvudet till andra sidan av skärmen. Den kanske är 3 decimeter hög. Och sen har du kopplat in den i skärmen så det blir data i det här, och då så ser du 3D runt om! Filmen vet om det att, ah han har kopplat headscreen här nu..

Woolke: Kan vi ta det där lite saktare en gång och från början.

Mathie: Tänk dig att du har ett en och en halv meter långt papper.

Woolke: Ja.. Men tittar jag på en tv först?

Mathie: Nej men skit i det! Du har ett 1,5 meter långt papper bara. Ett vanligt papper som är tre decimeter brett. Sen tar du ena kanten av det här pappret, sätter det i ena sidan av din dataskärm. Och sen tar du det här runt bakom huvudet, och så sätter du andra delen i andra sidan av skärmen. Högerdelen av skärmen. Då blir det som en rockring runt där med skärmen i mitten.

[skratt]

Johan: Rockringen ska det heta! Rockhead!

Mathie: Den här har då data i sig så den känner av, det här är filmen, så den vet, nu ska jag ha 3D här. Så den får upp hela filmen, det blir en jätte stor bildskärm.

Woolke: Ja..

Mathie: Vi går vidare med nästa här!

[skratt]

Johan: Det är flop på den tror jag..

Mathie: Okej..

Johan: Det var en flop!

Mathie: Jag kan lova att den kommer sälja som helvete i Kina!

Mathie: Här har vi NanoColor!

[skratt]

Johan: Nanocolor?

Mathie: Ja.. Här hade jag skrivit Nanofärg, men det lät så töntigt så jag sa Nanocolor.. Man målar ett rum med svart nanofärg, och så kopplar man in den här färgen till datorn och så blir det saker av det du vill i datorn. Jag kan spela ping pong mot väggen eller jag kan kolla på film på golvet.

Johan: Men det finns väl redan va, eller?

Mathie: Inte Nanofärg!

Johan: Nä okej.

Mathie: Nanoglas finns, men inte färg.

Johan: Okej du menar att man målar skiten bara..

Mathie: Ja du bara målar, dra din jävla roller bara så målar du runt så, och så kopplar du in dig i datorn bara.

Johan: Hur kopplar du in färgen med datorn då?

Mathie: Ja men det är en liten platta som sitter i hörnet nere vid dörren där borta..

Johan: Du målar lite på plattan bara så är det ihopkopplat.

Mathie: Ja innne i datorn bara..

[skratt]

Mathie: Det måste torka annars blir det jätte konstigt.

Johan: Det är nånting som fattas där.

Woolke: Nä vänta nu igen, jag måste ifrågasätta det här. Du har ett helt rum, som är målat med svart Nanofärg?

Mathie: Ja?

Woolke: De är på nåt sätt synkade med datorn..

Mathie: Ja precis.

Woolke: Vad ska jag göra? Vad händer i det här rummet?

Mathie: Du bestämmer i datorn vad som ska hända, "ska jag använda det här rummet som en skärm eller ska jag använda det som nån skärmsläckare eller.."

Woolke: Okej?

[skratt]

Mathie: Ah.. Vi kan gå vidare!

Johan: Flop! Det jag är mest intresserad av är hur kopplar du upp den här nanofärgen?

Mathie: I med färgen i datorn bara!

Johan: Du häller lite färg på datorn bara så..

Mathie: Nä men du har en sladd längst där i hörnet bara.

Johan: Men hur får du det kopplat?

Mathie: Men det sitter i burken Johan!

[skratt]

Johan: Men det är ju färg!

Mathie: Har du sett julafton, när de målar schackbrädet?

Exakt så funkar det.

[skratt]

Johan: Ja det blir flop på den, det funkar ju inte.

Mathie: Vi har en annan här. "Carglass!"

[skratt]

Mathie: Stort G och stort C! CarGlass!

Johan: CG!

[skratt]

Mathie: CG..

[skratt]

Mathie: Det går så här då. Bakrutorna där ungarna sitter och leker, de vet inte vad de ska hålla på med, vad fan ska jag titta på dvd, nej för fan nu kollar vi på 2000-talet, nu kollar vi på glaset istället! Det är touchscreen på glaset!

Woolke: På bakrutan?

Mathie: På bakrutan, nej på rutan där du, sido.. Vad fan heter det!

Woolke & Johan: Sidorutan.

Mathie: Dörrfönstret där ungarna sitter där bak! Där! Grejen med det här är, "Nu kan jag inte se döda vinkeln!" tänker du Woolke! Men det gör ingenting! För från din vinkel så syns det inte, man ser bara från ungjävelns vinkel när de sitter där och håller på och petar.

Woolke: Fast jag sitter ju aldrig och tittar i döda vinkeln genom bakrutan, jag sträcker ju inte bak huvudet och tittar om det är en bil vid sidan.

Mathie: Vart tittar du döda vinkeln då? I taket eller?

Woolke: Ja i den rutan som är bredvid mig. Det finns väl två rutor på varje sida..

Mathie: Döda vinkeln kollar du ju i bakrutan.

Johan: Nej..

Woolke: Nä det gör man inte.

Mathie: På dörrarnas fönster där bak kollar du döda vinkeln.

Johan: Är den så långt bak så ser du den i backspegeln.

Woolke: Ja.

Mathie: Men det är därför den heter döda vinkeln för att du inte ser den i spegeln.

Woolke: Ja i spegeln är det, därför måste du titta i din ruta.

Johan: Ja.. Du tittar på den rutan som är bredvid dig bara. Slänger ett öga bakåt bara.

Mathie: Du tittar ju.. Om du kör bil så tittar du till det fönster som är.. Han som sitter i bak..

[skratt]

Woolke: Nej!

Johan: Mathie kliver bak i baksätet och sticker ut huvudet och kollar om nån är där, "Nej det är lugnt!"

[skratt]

Johan: "Det är bara att köra på!"

Mathie: I alla fall! CarGlass..

[skratt]

Mathie: Den som sitter bakom passageraren, och bakom föraren har på varsin ruta CarGlass, det kan va miniräknare, ritbord. Det här kan man även koppla iPhonen till, inga problem!

[skratt]

Johan: Ja.. Vad kan man göra mer med den här skiten? Det som känns jobbigt är ju att man måste sitta med snett huvud hela tiden.

Mathie: Ja men det är, du tittar ju ändå ut. Du kan zooma saker, om du ser en kohage långt bort kan du zooma den på glaset!

[skratt]

Woolke: Det blir en kikare också.

Mathie: Ja!

Johan: Okej..

Mathie: Du kan kolla mot himlen, ah där borta är en satelit för det visas på en app, "Satellite App CarGlass."

Woolke: Det är ju störst flipchans på det även fast den är lite..

Mathie: Ah, jag säger det.

Woolke: Det är närmre än nanofärg i alla fall.

Johan: Det känns ju inte som att det funkar i praktiken, att ha inzoomning och grejer. Zooma in och..

[skratt]

Tips.

Mathie: Jag tycker vi kör en "Mathies fantastiska tips"!

Woolke: Oj!

Mathie: Jag vågar inte köra fakta den här gången.

Johan: Varför då?

Mathie: För att ni kräver källor på mina fantastiska fakta.

Johan: Okej. Vi kör en test.

Woolke: Tror du inte vi kan syna dina tips?

Mathie: Åh, häftiga Woolke tillsammans med sin vän Johan.

[skratt]

Johan: Ja kör då!

Mathie: Ja! Om man bor på tattarhotell, och inte får någon spis eller kök så kan man använda kaffebryggaren och koka nudlar.

Johan: Det har jag gjort!

Mathie: Det har du säkert!

Johan: Ja det har jag gjort. Det gjorde vi i USA.

Mathie: Det kan jag tänka mig. Det är perfekt.

Johan: Ja men det är ju klockrent! Man köpte sån här nudelsoppa, sån här cup-noodles och så kokar man vatten i kannan och så bara plupp.

Mathie: Ja men perfekt..

Mathie: Rullar man upp kanterna på ketchuphållarna på McDonalds så får man plats med mer ketchup.

Johan: Varför inte bara ta två för istället?

[skratt]

Woolke: Åh vad kul, bra syning där Johan!

Johan: Ja men alltså varför ska man vika upp en halv typ två millimeter, när man bara kan ta en helt ny? Och bara fylla upp...

Mathie: Ja jag vet.. Ja jag vet.. Det är nån idiot som kom på det här. Tycker man att det är jobbigt att stryka skjortor kan man använda en plattång för att fixa skjortkragen. Då trycker man bara på kragen så.

Woolke: Jag kontrar med ett bättre tips!

Mathie: Han som aldrig använder skjortor i hela sitt liv ska kontra med ett bättre tips. Ja kör!

Woolke: Ja okej? Skjort-Mathie eller?

[skratt]

Woolke: Som att du går runt i skjortor jämt.

Mathie: Ofta, ja.

Woolke: Fab 5 lärde mig detta. Häng upp skjortan när du är inne och duschar, häng upp den. Då kommer ångorna pssst så är den slät sen.

Mathie: Jaha!

Woolke: Ja.

Mathie: När du värmer mat i mikron så ska du forma maten till en liten munk, med ett hål i mitten för då värms det upp mer effektivt.. Vill du slippa gråta när du skär lök? Tugga tuggummin så slipper man det.

Woolke: Det är falskt på den eller?

Johan: Ja den säger jag falsk på. Den tror inte jag heller på.

Mathie: Hur ofta har ni tuggat tuggummi då?

Johan: Varför tror du att det var falskt för Woolke?

Woolke: För att varför skulle det hjälpa.. Man har ju hört det med socker och grejjer. Vad är det som gör att du inte gråter när du tuggar tuggummi?

Mathie: Du låter som en sån där som Johan, "vadå vi har inte alls vart på månen, hur fan ska man kunna flyga till månen??"

[skratt]

Mathie: Du har ingen aning för du har inte ens provat men ändå kan du börja tjafsa.

Johan: Men jag håller med dig Woolke med det, vi synar den.

Woolke: Ja!

Mathie: Jag ska visa dig en dag.. För att ta bort slitna träkanter och såna där skav på träbord och sånt där så kan man gnida valnöt över förslitningen så blir det en annorlunda färg.

Johan: Alltså då är det en fråga om kvalité, det räcker med att.. kommer du emot där med handen så blir du helt valnötsfärgad.

Mathie: Jag menar ju inte att du kan hugga bort halva bordet och sen kan du dra valnöt i det, utan nu menar jag en liten kant bara.

[skratt]

Johan: Ja men det är samma sak, det är det jag menar. Du ser förslitningar så kommer du med valnöten och så drar du lite. Alltså det räcker med att du går lite emot så försvinner ju det.. Nä det var jättedåligt.

Woolke: Ja. Nä så här är det, nu slog det mig att jag tänkte på det här med lök och grejer vi prata om. Nu vet jag vad min tes är! Så här är det att när man skalar eller skär lök, då frigörs det ju självklart vissa enzymer i löken, så kallade allianter..

Mathie: Ah just det Google, ja! Hundraprocentigt rätt varje gång..

Woolke: Ja just det ja.. Dessa allianter reagerar tillsammans med svavelhaltiga aminosyror i löken och tårar i ögonen på den som hanterar löken. När det ämnet kommer i kontakt med ögats hornhinna skickas genast elektrokemiska signaler till hjärnan som ger tårkanaler order att producera tårar. Det är en helt naturlig reaktion vet du! När ögat utsätts för irriterande ämnen..

Johan: Vad är assellianter för nånting Woolke?

Woolke: Vad sa du?

Johan: Assellianter...

Woolke: Det är.. Vi kan gå in på det en annan gång.

Johan: Jaha okej.

Woolke: Men här är.. Skit samma, nu är det klart att jag läser men...

Mathie: Nähä!

Woolke: Vad skulle tuggummit hjälpa mot det här då? Hindrar det enzymer, lägger upp en osynlig hinna framför ögonen eller?

Mathie: Varsågod!

Woolke: Tack.

Johan: Jaha.

~ Mail Till TFK ~

"Tack vare att eran fittluder-pod ä så jävla bra har jag nu blivit både cp skadad och sinnessjuk då jag snart lyssnat igenom hela skiten två gånger"

- Simpa

Ocean´s Eleven-rånare.

Johan: Vilken typ av kriminell skulle ni vilja vara om ni fick välja utan någon som helst moral?

Woolke: Nä men om man nu verkligen skulle kunna tänka sig göra och man väljer helt utan moral. Då skulle jag nog va en sån här assassin, en yrkesmördare..

Johan: Mördarpedofilen, Woolke.

[skratt]

Woolke: Varför blev jag pedofil för?

Johan: Jag vet inte!

[skratt]

Johan: Du blir en lyxig bögmördare bara.

[skratt]

Woolke: Bögmördare?

[skratt]

Mathie: Du nätdejtar killar som du ska ligga med, så bara dödar du de..

Johan: Precis! Med en ishacka..

Mathie: Och en kondom över ansiktet.

[skratt]

Mathie: "Han höggs ihjäl och hittades med glidmedel i hela ansiktet."

[skratt]

Johan: Så skönt att bara, "My eyes, my eyes!"

Mathie: Han kallas för Mambamördaren.

[skratt]

Mathie: Det var en som smet undan Mambamördaren, vad var det sista du kommer ihåg? "Ah det var att han öppnade en Mambakondom.."

[skratt]

Woolke: Finns de kondomerna ens kvar idag eller?

Johan: Ja, jag köpte en förra..

[skratt]

Mathie: Klippte av toppen och använde den.

Johan: Ja precis.

Woolke: Även om man hade moral så skulle jag utan problem lätt kunna bli en sån här Ocean´s Eleven-rånare.. Det verkar ju inget fel, det är ju ingen ångest i det där.

Mathie: Nä.. Ta från de rika.

Woolke: Om ni inte ens fick ångest för nåt ni gjorde, vad vill ni bli då?

Johan: Det måste ju va nån sån här häftig grej bara.. Eller? Man utsätter inte nån för någon fara, utan man gör rån bara.. Inte det här, "Åh vi åker in och gör helikopterrånet och skrämmer livet ur 50 pers så att de inte kan jobba resten av sitt liv."

Mathie: Alla rån är väl så?

Johan: Ja, men i Ocean´s Eleven bryter de sig in och tänker igenom och planerar allting, så om det inte är någon där så är det bara att köra. Det måste ju va det absolut bästa.

Woolke: Mathie! har du några andra tankar eller är det så lätt att det bara är samma?

Mathie: Jag gillar det här med att sparka upp dörrar och skrika åt folk att de ska lägga sig ner och skjuta i taket, det verkar ju fantastiskt roligt..

Johan: På Pressbyrån..

[skratt]

Mathie: På Pressbyrån med en softair gun, och mina gröna adidasbrallor.

Johan: Så hoppar du av din gamla Mambamoped bara, sparkar sönder fönsterrutan och bara hoppar in! "Nu era jävla idioter, upp med händerna annars blåser jag av tio luftskott i taket!"

Mathie: Men jag skulle inte göra som alla rookies och blanda in 50 pers.

Woolke: Du kör nanofärg i hela butiken bara.

Mathie: Nanofärg över hela kläderna bara.

[skratt]

Mathie: Jag går in.. Jag tar kort i banken så bara smälter jag in i omgivningen.

Woolke: Måste du ha en dator med dig då eller för att fixa det?

Mathie: Nej jag har den här iPhone-appen.

Johan: Det hänger en elkabel bara. En jättelång elkabel behöver du.

Mathie: "Kolla! Elkabeln snor våra pengar", säger de!

Solbränna.

Johan: När man har vart utomlands nångång och inte vill förlora den solbrännan direkt när man kommer hem är det bara att man går ner till ett solarium! Man solar sig en gång direkt när man kommer hem, och så solar man igen typ nån vecka senare. Jag lovar dig, det håller i sig enormt mycket längre!

Woolke: Kan vi inte prata om hur äckliga solarium är över huvud taget?

Johan: Jag kom in på ett solarium nån gång så var det två alkisar som satt där inne och söp, i ett bås. "Vad ska du ha grabben, ska du sola eller?"

Woolke: "Ja, jag tänkte det.."

Mathie: De har sån här spansk musik på och låtsas att de är utomlands.

Johan: Den här jävla äckliga tiden! "Tio.. Nio.. Åtta.." Man blir ju dyngstressad när man kommer in, bara kastar av sig kläderna! Så ligger man där typ på en kall plastbit i typ fem sekunder och bara är helt tyst och väntar på att den där skiten ska komma igång.

Mathie: Ja just det.

Johan: Jag var alltid lika rädd när den bara sätter igång.

Mathie: Man tror att man hamnar i 1870, åker tillbaks i tiden. Solar ni nakna när ni solar i solarium?

Johan: Oh ja!

Woolke: Ja det gjorde jag jämt.

Johan: Lägg en strumpa över ballen bara.

Woolke: Jag körde solarium precis innan vi åkte till USA för jag tänkte att, så jag får den här grundbrännan så jag inte flagnar efter en vecka. Och det var ett solarium där man stod upp i och höll i två såna här stänger..

[skratt]

Johan: Man håller i sig..

Mathie: "Håll i dig nu, för nu kör vi", sa den!

Johan: Jag ska in och sola. Håll i dig nu för helvete!

Woolke: När vi skulle gå in i den här, så la vi mynt för typ 5 minuter för annars så bränner jag ihjäl mig, tänkte jag. Så kom det nån jävla pundare utifrån som var dyngbrun och hade en sån här moppehjälm i handen, så han körde väl antagligen scooter gissar jag på. Så kommer han in och bara så här, "Nä men fan jag bjuder på lite här!" Så stoppade han in mer pengar, så vi fick typ 10 minuter istället.

Johan: Va?

Mathie: Oh jävlar..

Woolke: Jag vet inte varför.. Han hade så mycket mynt, han hade tior och femmor och grejer, enkronor hur mycket som helst.

Mathie: Han hade vart och rånat fem sekunder innan.

Woolke: Ja.. Nä solarium tycker jag är vidriga platser, det luktar nåt speciellt där..

Mathie: Ah fy fan, bränd hud. Och så är de lite flötiga de här jävla.. De man ligger på. Usch!

Johan: Solar du naken eller, Woolke?

Woolke: Ja jag körde naken sist.

Johan: Helnäck?

Woolke: Känns också konstigt. Ja..

Johan: Fan jag vågar inte det jag..

Mathie: Gör du inte?

Woolke: Är du rädd för dicken eller?

Johan: Rädd för dicken vet du, sola pungkulorna kan fan inte va bra alltså!

Mathie: Nä jag har en polare, när han solar solarium så solar han alltid naken, sen är han rädd för att för cancer i kuken så han lindar in den i pappershanddukar. Kuken..

Johan: Jag kör strumpan jag. Pungen och penis in i strumpan.

Mathie: Och strumpan ligger över hela bröstet.

[skratt]

Johan: Nej resten av strumpan stoppar jag in i rövhålet bara.

Mathie: Jaha okej..

[skratt]

Woolke: Jag har haft en jävla nojja, det här med att sola.. Att jag ska bli blind tänker jag jämt för det här ultravioletta ljuset.

Johan: Mmm, ja just det ja.

Woolke: Så dels kör jag alltid såna här jävla grejer man sätter på ögonen.

Johan: Jag ligger en strumpa på ansiktet bara..

[skratt]

Mathie: Hur många strumpor har du med dig egentligen?

Johan: 5. Jag kör armarna och alltihop. Strumpor överallt!

Mathie: Strumpor i ansiktet, sola.

Woolke: Men när jag ligger då där, så börjar jag tänka efter typ tre minuter.. Tänk om jag har blivit blind nu, så får ett ryck och tittar om jag fortfarande ser. Sen måste jag ju titta fort för att jag tänker att, tittar jag för länge nu så blir jag ju blind. Sen på med det där ögonskyddden igen!

Johan: Men hur allvarligt är det där egentligen? Det är ju aldrig nån perfekt passform på de där plastskydden..

Woolke & Mathie: Nä..

Johan: Men nu på senare år har jag skitit i det..

Mathie: Ja, jag har aldrig tagit på mig de där.

Johan: Det är bara strumpan på ballen, sen kör jag. Skit samma om du blir blind! Ögonkulorna ska fan va perfekt!

Mathie: Så länge nötterna är kvar så..

~ Fantastiskt Fakta ~

Mathie har haft en kort handbollskarriär med ett mål. Han sköt på målvakten som sedan tappade in bollen.

Fylledans.

Woolke: Jag har ju vart nykter i 10 år. Under de här nyktra åren så har jag föraktat människor som har dansat på fyllan väldigt mycket och tänkt att, det där skulle jag aldrig göra.

Mathie: Första gången jag såg Woolke dansa, var på en latinamerikansk klubb i Göteborg när han söp för första gången på 10 år förra året. Det var latinamerikaner, min tjej, hans tjej och jag.. Och Woolke stod i mitten. Han såg ut som en isglass bland massa choklad.

[skratt]

Johan: Hur känns det när du dansar, är du bra på att dansa?

Woolke: Nä, jag har börjat tycka om att dansa på fyllan och det hände nu i helgen igen. Vi var på en hemmafest med typ arbetskamrater, sen blev alla väldigt fulla och det börjades dansa. Det är en av få saker jag känner att jag har ångest för dagen efter. När jag är spexig. Spex-Jim har vart uppe och dansat, och gjort roliga steg...

Johan: Jag ska filma dig nästa gång du dansar och skicka det till dig dagen efter också.

Woolke: Det tror jag är väldigt hemskt!

Mathie: Men det är roligt på fyllan, det är alltid kul..

Johan: Jag är fan inte blyg inte..

Woolke: Men har du några riktiga steg eller du bara flyger och viftar?

Mathie: Johan har ett go-to-steg, det vet jag att han har. Jag har ju sett, på ett antal fester har jag sett samma.. Det funkar ju till all sorts musik!

[skratt]

Mathie: Är det Lasse Stefans eller är det Puff Daddy, det funkar!

Johan: Det är bara att tuta och köra!

Mathie: Ja ja för fan!

Johan: Jag säger det! Det är roligt som fan om man hittar sin grej.

Mathie: Det är lite som att sjunga.. Vågar man så blir det bra!

Johan: Ja visst..

Woolke: Det är kanske nästa steg att jag börjar sjunga på fyllan, för att man tror att nu jävlar! Det låter rätt bra..

Mathie: Men Woolke, du som håller på med musik så här, kan inte du sjunga lite för oss? "Okej lyssna här då!"

Wieneczhtzski.

Johan: Alltså tänk er vad onödigt om det skulle bli krig! Tänk dig att de bombar Göteborg, Woolke.

Mathie: Ja, "nu ska vi la börja prata ryska här."

[skratt]

Johan: Fy fan vad onödigt.

Woolke: Jag tänker mig, de gör nånting med ditt nya hus Johan. När du har precis målat färdigt eller nånting..

[skratt]

Johan: Ja! Åh vad förbannad jag skulle bli.

Woolke: Nej nej nej! Poolen! Han har precis byggt färdigt, du har slitit och grävt där. Så..

Johan: Nej, jag kommer hem en dag så är det fullt med ryska män här inne. Ah vi bor här nu säger de.

Mathie: Ja.. "Wieneczhtzski" säger de bara. Det betyder "vi ska ha skyttegrav här i din pool ..och vi har bajsat i din säng".

[skratt]

Johan: Ja, och sen bränner de av ett helt jävla magasin i taket bara, skjuter sönder allt.

Mathie: "Vi är här och firar!"

Johan: Ja men fy fan vad onödigt.. Åh jag skulle bli så jävla besviken. Usch vad besviken jag skulle bli!

[skratt]

Johan: Jag tror jag skulle ta livet av mig, helt ärligt. Nu skiter jag i det här, jag kastar in handduken, hämtar ett rep och bara hänger mig i första träd.

Mathie: Jag bor så vidrigt här så till mig kommer det amerikaner och fritar oss för de tror att jag bor i koncentrationsläger. Så illa är det.

[skratt]

Johan: "Här har vi en jude", säger de.

Mathie: "Oj! Kolla på han. Kolla vad smal.. Nä, han var inte så smal, han var bara äcklig. Men titta hur.."

[skratt]

Johan: Titta hur han bor!

Mathie: "Ja, kolla skägget ser konstigt ut på han. Vi måste frita han, vad är det för jävla djur här? En hund?! Oj oj oj..."

[skratt]

Johan: Nä fy fan vad onödigt.

Skiftarbete.

Woolke: Folk tycker att de är häftiga som kan säga att de jobbar skift. "Aah jag kör fyrskift vet du, treskift.. nu byter vi igen, femskift."

Mathie: Säg nån annan person än annerstyper som jobbar skift.

Woolke: Näe, det är ju annerstyper.

Johan: Det känns som att det är en sån här, ett sånt ställe finns typ i varje liten håla, lite utanför..

Mathie: Mmm.

Johan: Så ligger den här fabriken där många jobbar på så säger alla typ "ah fan jag tjänar bra med pengar där, jag tjänar bra med pengar där borta i Skåne eller.."

Mathie: Ja precis.

Johan: .."jag tjänar hur mycket som helst.. jobbar en 86 timmar i veckan gör jag."

Mathie: Vad gör du i Kristinehamn då? "Ah, jag är på limeriet och vi gör lim vet du!"

Johan: Ah.

Mathie: Heter det limeriet?

Woolke: Casco!

Mathie: Jag är på Casco! Där de håller på och gör lim och grejer.

Johan: Lim å grejer.. Där har vi de.

Mathie: Då säger jag att, i Värmland i alla fall, det stänger och fyra hundra pers blir arbetslösa..

[skratt]

Mathie: Så är det jämt! "Här har vi ett samhälle på hundra invånare.. Så! Vi stänger ner fabriken där fyra hundra pers jobbar.."

Woolke: Vad är första kommentaren från exempel på nån som jobbar på Casco? På Anovo till exempel var det ju alltid "åh du det är soft här, det är så jävla chill å soft här, är det soft eller? Ja, gå in och lägg dig på toaletten i tre timmar bara så går du ut därifrån så där och tjänar. Aaah! Så där jättemycket pengar." Jobbar du på Scana "åh jävler då tjäner du penger asså, du tjäner bra med penger de ä grajjer va?"

Mathie: "Alla kan dra till Norge och jobba vet du, jag jobba som svarvare i Norge det går ju skit bra, jag jobbar ju som ställningsbyggare i Norge vet du, jättebra pengar!" Faan..

Woolke: Jobbar man på Casko där.. Då tror jag att man snackar mycket om hur farligt det är, att det är ett farligt jobb, att man får akta sig.. "Det är jävligt farligt, det är tufft att jobba där!"

Mathie: Vadå? Fastna i limmet eller?

Woolke: Ja det är mycket avgaser och grejer, mycket såhär förtidspensionärer och sånt, att det är hårda människor som är där.

Mathie: Ja.. Förr så jobba de utan masker där och då fräter de upp hela insidan och de är som trätunnor på insidan av sina lungor.

~ Fantastiskt Fakta ~

Under en inspelning av ett avsnitt år 2011 inträffade ett knivdrama precis utanför lägenheten som Mathie och Johan satt i.

Tack För Kaffet Podcast

PMS.

Woolke: Jag är sjuk.

Johan & Mathie: Aww...

Johan: Jag har också vart sjuk.. Är det synd om mig nu då med eller?

Woolke: Nu är det mig det handlar om.

Mathie: Okej. Vi tar Woolke först här så gråter vi för Johan sen.

Johan: Jaha.. vad är det med dig din jävla äckelunge?

Woolke: Fis-johan.

[skratt]

Johan: Åh nej!

Johan: Inte personliga angrepp!

[skratt]

Woolke: Jag är så sjuk just nu att det känns som att om nån skulle komma in här och våldta min tjej så skulle jag bara.. "Eh, jag orkar inte, det får ske".

[skratt]

Woolke: Äh jag orkar ju inte, jag har ont i halsen.

Mathie: Du är klen alltså nu.

Johan: Hur mycket överdrev du där på en skala ett till tio?

Woolke: ...nio.

[skratt]

Mathie: Halsont eller våldtäkten?

Johan: Nä, våldtäkten.

Woolke: Jag tror mig väl inte vara överkänslig, men precis som den där klassiska "Du vet inte hur det är när en man är riktigt förskyld"..

Mathie: Nä, men jag tror fan jag läst att män blir sjukare när det gäller förkylningar i alla fall.. Och sen så tror jag att det går och jämföra lågt blodsocker med PMS.. När jag får lågt blodsocker kan jag jämföra med en tjejs PMS.

Johan: Amen, är inte det alltså, menser i-grejen och smärta? Man kan inte jämföra det med att man har lågt blocksocker.

Mathie: Nä men irritationsdelen med PMS tänkte jag bara. Jag får inte blod i rövhålet när jag har lågt blodsocker.

Woolke: Jag tror de snart kommer komma fram till att det är bara en myt. Precis som mödomsshinnan. Det är bara en bluff.

Johan: Hur blir tjejen med PMS Woolke?

Woolke: Man har rätt att vara arg och man har rätt att... Det är inget överdrivet men, man har rätt att vara arg då. "Jag har haft en jobbig dag på jobbet.. Men käft med dig, jag har rätt att vara arg nu!"

Mathie: Okej. En sån... Hur blir du då?

Woolke: När jag har PMS?

[skratt]

Johan: När hon har det. Blir DU på ett speciellt humör då?

Woolke: Nej.. Sätter mig och lyssnar på musik i nåt hörn eller nånting.

Johan: I en vecka. Men blir man inte bli så här lite extra..

Mathie: Retlig?

Johan: Aaa.

Mathie: Det har jag blivit.

Johan: Ah, jag med.

[skratt]

Woolke: Jag trycker på rätt knappar där bara.

Mathie: Ja.

~ Fantastiskt Fakta ~

Johan är en frekvent Clash Of Clans-spelare. Trots att han hatar det har han hållt sig kvar i spelet i över 4 år.

Fredsduvan.

Woolke: Jag har min trasiga berättarbok här framför mig. Ni får välja på två historier här. Vill ni höra om sagan om fredsduvan, den är lite kortare..

[skratt]

Woolke: Eller vill ni höra om slottsväktaren?

Johan: Åh slottsväktaren!

Mathie: Slottsväktaren.

Johan: Ja, kör!

[skratt]

Woolke: Ja, okej! Det är skrivstil i den här, så vi får se. *Det fanns en gång en slottsväktare, som hette Conrad. Hans pappa hette Sture och var kung. Conrad var djupt förälskad i en prinsessa men han hade en hake. Prinsessan var kär i Prins Rudolf, och han var kär i henne.*

Johan: Nu blir det invecklat känner jag.

Mathie: Ja..

[skratt]

Mathie: Det är precis som Game of Thrones, första säsongen.

[skratt]

Johan: Woolke mindfuckar oss.

Mathie: Ja, fyra familjer.

Woolke: *När Conrad berättade för kungen hur det låg till blev kungen rasande. Kungen tänkte att om inte min son duger, kan hon lika gärna vara inlåst..* Okej?

[skratt]

Woolke: *Han stängde in henne i ett spegelrum, men så ville inte Conrad...*

[skratt]

Woolke: Jävla cpunge, lär dig skriva för fan! *Han stängde in henne i ett spegelrum. Men så ville inte Conrad, så han krossade speglarna och släppte ut prinsessan. Tack tack så hemskt mycket, sa hon. Prinsessan visste inte vem hon skulle välja nu. Hon sa att de får ta en duell med svärd, den som överlever får mig. Och så började de fäktas, Conrad stack svärdet i magen på Rudolf och han föll ihop. Sedan levde de och prinsessan lyckliga i alla sina dagar...* Min lärare har skrivit en notis här också. "Det var ju kul." Skrev hon.

[skratt]

Woolke: Ja, men vi kör fredsduvan också!

Mathie: Ja vi kör fredsduvan när vi ändå är på gång här.

Woolke: Ja. *Fredsduvan flög till en skolgård..*

Mathie: Jag måste bara, jag tycker det är bra om du börjar så här.. Den andra var inte så bra, "*Det var en gång..*"? Är du tre år? Men det här var ändå bra när du bara kommer in i det! Kör!

Woolke: Ja just det, lite David Lynch där.

Fredsduvan flög till en skolgård. En hop barn stod runt en flicka och retade henne för att hon var mörkhyad. PK Woolke. *Barnen kallade henne för "neger" och spottade på henne.*

[skratt]

Woolke: ..*Dagen efter tittade de på en film om mobbing och då förstod barnen hur dumma de hade varit. På rasten gick de och bedde flickan om förlåtelse och sen blev de kompisar.*

Mathie: På grund av duvan?

Woolke: Ja, jag vet inte vad.. Men vänta nu, fredsduvan flög till en skolgård. Det var det enda fredsduvan gjorde tydligen. För sen är inte fredsduvan med något mer.

Mathie: Satt du på busshållplatsen vid Stenstadlidsskolan och sa "livet är som en chokladask nån gång?"

[skratt]

Johan: Jag var fascinerad av att du använde "hop"!

Woolke: Ja det är jag med!

Mathie: Och "neger".

[skratt]

Johan: Skrev du dagböcker när du var liten Woolke?

Woolke: Jag tror att jag har haft en dagbok en gång. Jag känner igen det här med en nyckel och ett lås till en bok..

Mathie: Åh herregud..

Johan: Hade du ett lås också?

Woolke: "Ja, en natt kom pappa in. Han luktade sprit."

[skratt]

Woolke: "Jag vaknade dagen efter.. Det var blött i sängen."

[skratt]

Johan: "Det var kladdigt i sängen."

Mathie: "Nån har borstat mina tänder med det där salta igen."

[skratt]

Antingen eller.

Johan: Antingen eller nu då.. Du måste välja nåt, du kan inte börja fjanta dig och säga "Nä jag kör båda, jag vet inte.." Eller "Nä, jag väljer ingen av de." Jag kommer starta på en summa här också, så får vi se hur långt ni kan gå!

Woolke: Ja!

Johan:
Varje morgon i resten av ditt liv så måste du ligga med din far.
Eller!
Varje morgon får du ligga med mor din.
Du får välja mellan de två först och främst.

[skratt]

Mathie: Fy fan vad dålig!

Johan: Kör där nu! Kom igen!

[skratt]

Johan: Välj en där nu!

Woolke: Jag tar livet av mig!

[skratt]

Mathie: Hur ska du ta livet av dig? Ska du knullas till döds av far din, eller..

[skratt]

Johan: Du kanske gillar det efter tio år, vem fan vet! Kör mor din!

Woolke: Får jag säga båda då? Fast det är ju kanske inte positivt för mig att säga båda..

Johan: Nä men det får du inte. Du kan ju köra, "Jag varierar lite, jag tar farsan idag, jag tar morsan idag, nä nu tar jag farsan idag.."

Mathie: Rent strategiskt vem skulle du knulla med mer då?

[skratt]

Johan: Vi kortar ner tiden, du måste inte göra det resten av ditt liv, det var att ta i..

[skratt]

Mathie: 75 år bara!

[skratt]

Johan: Nej! Du ska göra det här i 3 dagar. Alltså tre morgnar kan man säga.

Woolke: Det är ganska..

Johan: Och jag börjar på summan! 1.2 miljoner släpper jag ut till dig Woolke!

Mathie: Åh!

Johan: 1.2 miljoner, och det är tre ligg vi pratar om.

Mathie: Bingolotto. "Stegen, Stegen, Steeegen!"

[skratt]

Woolke: Falskt!

Johan: Du säger tvärnej eller vad säger du? Du tvekar inte ens?

Woolke: Ja!

Mathie: 5.4 miljoner!

Johan: Nej men sluta!

[skratt]

Johan: 1.8! Då har du 600.000 till.

Mathie: Men då får du inte njuta av det!

Johan: Mer än en halv miljon mer!

Woolke: Nej!

Johan: Nej.. Okej, nu var det blixtnej jag hör det på dig..

Woolke: Jag vet redan en summa i huvet'.

Johan: Ja men vänta här nu.. Nej men sluta!

[skratt]

Mathie: Varför finns inte det här tv-programmet för?

Johan: Du har 7 miljoner kronor! 7 miljoner kronor!

Mathie: Får jag va med?

Johan: Nej! Käft bara! Tyst med dig!

[skratt]

Johan: 7 miljoner kronor.. Du kan göra väldigt.. Tänk efter nu hur mycket 7 miljoner är, det är 3 ligg vi snackar om.. Det är 3 dagar och sen är det över, det är ingen annan som kommer veta förutom du morsan och farsan.

[skratt]

Mathie: Det är en familjehemlighet kan man säga.

Johan: Ja det är familjediamanten.

Mathie: Det blir pinsamma julaftnar men vem bryr sig?

Johan: Nä det kommer det inte bli.. Det kommer bli såna här goa' minnen, "Kommer du ihåg när han knullade dig! Haha!"

Mathie: "Här ska du få paket Woolke!" "Nej inte igen!" skriker Woolke!

[skratt]

Johan: Woolke!

Woolke: Nej!

Johan: Skämtar du nu?

[skratt]

Johan: Okej. Men vi går upp en bit, vi säger 9 miljoner då. Det är 2 miljoner mer!

Woolke: Du är så nära målet nu Johan.. Kan du inte bara gå dit på en gång?

Johan: Okej, 11!

Woolke: Nä, 10!

Johan: Stannar du vid 10 mille?

Woolke: 10 stannar jag på.
Johan: Då är det ligga..
[skatt]
Mathie: Haha! Du tar ner priset!
[skratt]
Mathie: För att få knulla din mor och far!
Johan: Så! Mathie..
Mathie: Ja!
Johan: Nu ska du få en här nu.
Mathie: Ja okej.
Johan: Fan, nu måste du känna lite på summan och verkligen tänka dig in att det pengarna finns på riktigt.
Mathie: Vem ska jag suga?
Johan: Erm, det är far din!
Mathie: Det är far min, okej.. Ja?
[skratt]
Johan: Vi snackar inte en vanlig svettig jävla avsugning, han ska knulla dig i munnen..
Mathie: Det är inte jag som jobbar, han jobbar alltså?
[skratt]
Johan: Han jobbar med ditt huvud mot sitt kön. I 10 minuter!
Mathie: Jag blir hans knulldocka!
Johan: I 10 minuter så jobbar han med ditt huvud med hans penis.
Mathie: Ansiktsvagina.
Johan: Råfräs! Jag antar att din pappa har stor kuk, det är 30 centimeter in i munnen, ner i halsen. Han kör loss! Det är 10 minuter.
Mathie: Hmm.. 10 minuter.
Johan: 10 minuter blowjobs. Grejen är han kommer ju i hela fejan, sen rakt ner i halsen.
Mathie: Okej.
[skratt]
Mathie: Jag har ont i gomseglet efteråt kan man säga?
Johan: Ett redigt blowjob i alla fall.
[skratt]
Johan: Jag börjar på 900.000 kronor.
[skratt]
Mathie: Det gör du va? Okej..
[skratt]
Mathie: "Mathie! Här ska du suga av far din, och du får ett skabbigt hus i Kristinehamn för det."

[skratt]
Mathie: Nä jag tror inte det!

Johan: Men vadå du kan göra vad som helst för dom pengarna!

[skratt]

Johan: Du kan..

Mathie: Jag kan klippa gräset vid min fina 900.000:- villa i Kristinehamn!

Johan: Du kan köpa en fin gräsklippare! Okej! Men jag hör ett "Nej" där på en gång.

Mathie: Ja.

[skratt]

Johan: Då säger jag.. Nu stegar jag ordentligt upp här nu. ..Det är 2.2 mille som ligger på bordet.

Mathie: Nej.

Johan: Vadå nej?

Mathie: Gomseglet är värt mycket mer än så!

Johan: Nej jag går fan ner, du får 1.9 miljoner..

Mathie: Vänta, vänta! Jag får suga lite på 2.2 mille där..

[skratt]

Johan: Tänk efter, men bara lek med tanken, vad kan man göra med över 2 miljoner kronor? Jo man kan nog..

Mathie: Ett fett hus och en skabbig biljävel.

[skratt]

Johan: Ja! Du kan köpa det huset som du verkligen.. Nä det kan man kanske inte göra.

Mathie: Nä det kan man verkligen inte.

Woolke: Det är bara 10 minuter också, det är rätt fort rätt över.. Över rätt fort det där.

Johan: Det är ju det..

Mathie: Nä det.. Lite vill jag nog upp där känner jag.

Johan: 2.6 miljoner får du!

[skratt]

Woolke: Eller! Jag har en shittwist där..

Mathie: Ja gör det.

Woolke: Du får sitta med i TV4-soffan och skrapa en trisslott.

Mathie: Nej, det är för lågt fortfarande alltså.. Vi måste upp lite till! Lite ska vi upp!

Johan: Ja.. Två och en halv mille plus en trisslott!

Mathie: Ja okej. Där har du det!

[skratt]

Mathie: Men då ska han inte bara komma i halsen på mig.

[skratt]
Mathie: Ja men det är bra!
Woolke: Jag har en Johan.. Jag vill inte gå upp i de här fantasisummorna utan tar lite mindre grejer för lite mindre pengar här nu.
Johan: Mmm, kör!
Woolke: Jag börjar med att säga, en svanktatuering.. Det är en ganska stor, det är en stor tatuering alltså, det är ut.. Längst ut på sidan, det sträcker sig hela vägen.
Johan: Typ såna här stringtrosor.. Varianter.
Woolke: Ja, och sen en röd ros i mitten.
Johan: Okej.. Är det stringtrosor vi kör eller? Och så en röd ros i mitten där på svanken.
Woolke: Nej nej, det är inte string.. Nä nej nej det är det inte, utan det är som den här klassiska tribalen, feta streck.. Lite taggtrådaktigt nästan ser det ut som.
Johan: Och en ros..
Mathie: Skabbigt gjord också.
Woolke: Ja, den är skabbigt gjord. Vi börjar då Johan! Vi börjar på 20.000 där.
Johan: 20.000?! Nä.
Woolke: Nej? 20.000..
[skratt]
Johan: Nej! Jag vill inte ha nåt annat! Jag vill inte ha.. "Ja här, du får en trisslott!"
[skratt]
Woolke: 20.000 och.. 100 stycken trisslotter!
Johan: Nej.. Fan det är ju vinst på.. Den här drömvinsten är ju en på miljonen. Nä, glöm det.
Mathie: 5 miljoner, men då ska du slicka upp mor din i brygga med.
[skratt]
Johan: Ja! Jag kör! 5 miljoner!
Mathie: Ja!
Johan: Fy fan..
Mathie: Det är bara att suga upp klittan och dra uppåt !
[skratt]
Johan: Nä, jag tar tillbaka det, jag sa det för snabbt. Jag ångrar mig.
Mathie: En svanktatuering och ett klittsug på mor din.
[skratt]
Johan: Nej, mer! Ge mig lite mer bara.
Mathie: Ja men Johan, 5.020.000:- får du!
[skratt]

Woolke: Och! Jag slänger in en shittwist där! 1000 trisslotter!

[skratt]

Johan: 1000 trisslotter, 20.000 och 5 miljoner..

Mathie: Ja 5.020.000 och 1000 trisslotter. Ett "mammaklittsug" och en svanktatuering..

[skratt]

Johan: Nä jag vill ha lite mer pengar...

Woolke: Ja okej, vi slänger in den här! Du får sitta med i Bingolotto i den här soffan!

Johan: Jag vill inte va där! Jag skulle aldrig.. Jag vill inte ha det!

Woolke: Så slänger vi in 40 stycken tian lotter också!

[skratt]

Woolke: Och en skrapbingo!

[skratt]

Johan: Jag kan ta de där 1000 lotterna, plus de där jävla tjugorna du har dragit in där också, tianlotter, skraplotter och skit. Men den här miljonen.. Det måste gå upp lite.

Mathie: Vad säger du Woolke? Ska vi avslöja det? Två miljoner extra! Du får 7.020.000:-!

[skratt]

Johan: Plus?

Mathie: Plus en massa lotter!

[skratt]

Johan: Då sitter jag fan med i Bingolotto med stringtatueringen.

Mathie: Mor din ska säga, "Åh min pojk.." under tiden också.

Johan: Nej!

Mathie: Ett klittsug, och en svanktatuering.

Johan: Åh fy fan..

Mathie: "Det här var mysigt Johan" ska hon säga i alla fall.

[skratt]

Johan: Ja det är taget, 7 mille kör! Men då ska jag fan va med i Bingolotto också..

Cancer.

Mathie: Saker som kan leda eller framkalla cancer jag har en lista här! Jag bara tar några grejer. Bröstmjölk! Buller! Byggdamm! Diesel! Doftljus..

Johan: Men det här med vad som man kan få cancer av ska man inte va rädd för, då vem som helst kan få cancer. Det går inte att hejda det på nåt sätt, men grejen är ju det här. Konstigt att du fick lugncncer när du har suttit och rökt i hela ditt liv. Två paket om dagen.

Mathie: Hur mycket ska ni ha för att för att få lungcancer?

Johan: Med chans att man klarar sig eller vad?

Mathie: Det vet man inte, du ska bara få lungcancer.

Johan: Ja men ge mig ett pris då så får jag höra.

Mathie: 10 mille.

Johan: Fan nej 10 mille, mitt liv är värt lite mer tror jag.

Mathie: Men mor dins klitta var värd mindre tydligen.

[skratt]

Johan: Men där har jag ju möjligheten och chansen att vinna hur mycket pengar som helst.. Trissen för fan.

Mathie: Woolke! 10 mille?

Woolke: Släng in hundra trisslotter så är jag nöjd där.

Mathie: Hundra trisslotter då får du också, så vi klubbar på det.

Woolke: Har Johan, svarade Johan? Vad blev hans svar?

Mathie: Ja men han är ju dum i huvet. Han skulle ha mer..

Johan: Jag skulle aldrig klara en sån resa tror jag.

Mathie: Nä. Fy fan..

Johan: Jag skulle dö efter.. Har ni haft nån i er närhet som har haft lungcancer? Det är ju sinnessjukt..

Woolke: Nä..

Johan: Man lever med det så jävla länge, det är inte så att du bara fick lungcancer, "nu dör jag om en månad".. Man klarar sig ju i flera år så bara förtvinar man bort.

Mathie: Det vidrigaste är väl ALS va?

Johan: Okej? Vad är det då..

Mathie: Det är den här sjukdomen som stänger ner bit för bit, och det sista den stänger ner är..

Johan: Hjärnan?

Mathie: Andningen..

Johan: Jaha..

Mathie: Eller den stänger ner vitala organ.

Johan: Jag får en bild av hur den, "Ah fan, nu åkte foten.." Och sen åker det upp mot benet.

Mathie: Typ så! Den är riktigt vidrig den..

Johan: Men hur får man den där sjukdomen då?

Mathie: Nä, det står inte hur man får den. *Symptomen beror på celldöd i ryggmärg och cortex i hjärnbarken.*

Johan: Åh fy fan.

Mathie: Ja det är väldigt svåra ord här.

Woolke: Celldöd låter illa. Det är inte bra!

[skratt]

Mathie: Nä precis!

Woolke: Det är väl bättre att säga att man får cancer av allt? Man kan få cancer av vad som helst.

Johan: Ja, så känner jag också. Sen finns det ju större chans att du får cancer ifall du äter tjära, eller typ röker cigaretter varje dag.

~ Fantastiskt Fakta ~

TFK har svenskspråkiga lyssnare i över 20 länder runt om i hela världen.

Kondomer.

Mathie: Köpa kondomer. Har ni nån erfarenhet av det eller?

Woolke: Jag var med om det för ett tag sen här och skulle in och köpa kondomer. Och det känns jävligt märkligt.. Och jag får göra det, självklart. Det var inget snack om det. Ja okej. In i affären. Det var lite så här, var ska jag gå in? Ska jag ta ett stort ICA eller ska jag ta en liten tobaksaffär, det känns bäst ändå tycker jag.

Mathie: Det känns mer intimt och personligt.

Woolke: Ja precis. Så det gjorde jag. Det finns ju olika sorter så då måste man ju berätta först och främst vad man ska ha. "Jag ska ha den där.."

Mathie: Vad blev det för nåt?

[skratt]

Woolke: Det var några extra tunna eller nånting.. "Det röda paketet", sa jag.

Mathie: Smakade de nåt?

Woolke: Nej Mathie de smakar inget..

[skratt]

Woolke: Tjejen som stod där hon var kanske i 30 års åldern och det blir på nåt sätt.. Hon tycker det är genant, och jag tycker det är genant. Och hela grejen är bara jättejobbig.

Johan: Hur la du fram det då när du stod där i kassan.. "Vad har ni för kondomer?"

Mathie: Vi kör ett scenario!

Mathie: Jag står i affären och då kommer du först in Woolke, sen kommer Johan in.

Woolke: Okej, och jag kör som det hände på riktigt.

Mathie: Ja precis.

> **Woolke:** *Hej!*
> **Mathie:** *Tjena tjena!*
> **Woolke:** *Jag ska ha ett paket kondomer, de röda där uppe.*
> **Mathie:** *Ja! De röda.. där?*
> **Woolke:** *Ja..*
> **Mathie:** *Vi har ju olika smaker där också.*
> **Mathie:** *Jordgubb, blåbär eller saffran?*
> **Woolke:** *Vi kör saffran!*

Mathie: Men det var typ så det gick?
Woolke: Ja. Tystnaden sa sitt där.

Mathie: Får jag höra Johan då komma in, får jag höra hur han gör.

> *Johan: Tjena tjena!*
> *Mathie: Hej hej!*
> *Johan: Jag ska ha det här och släng med ett packe kondomer där också. Bra!*
> *Mathie: Yes.. Vilka vill du ha?*
> *Johan: Ja men bara kör, ta vad fan du vill.*
> *Mathie: Stort, litet?*
> *Johan: Ja det är stort.*
> *Mathie: Hallon?*
> *Johan: Det är ett stort hallon..*
> *Mathie: Lakrits?*
> *Johan: Ja..*
> *Mathie: Extra glid?*
> *Johan: Ja kör. Jepp.*
> *Mathie: Ska du ha cigaretter också kanske?*
> *Johan: Ja dra med Marlboro också.*
> *Mathie: Kokosnötter?*
> *Johan: Kokosnötter! Okej!*

Mathie: Ja men du gjorde det ändå rätt bra..

Johan: Ja men så skulle jag nog göra, jag tror att jag har köpt kondomer en gång i mitt liv.. Man har ju köpt när man var yngre.

Mathie: Ja.

Johan: När man peakade i sin juckkarriär.

[skratt]

Mathie: Lyxrunka kan man säga ja.

Johan: Ja jag lyxrunkade mycket förr.

Mathie: Då gick det åt kan man säga!

Johan: Ja!

Woolke: Tänk er en tobaksbutik nu. Ni måste köpa nånting till kondomerna, vad är bäst och vad är konstigast att köpa till kondompaketet?

Johan: Är det en godispåse?

Mathie: Ja..

Johan: Pogs.. Nånting som lockar barn!

[skratt]

Mathie: "Säljer ni inte röda ballonger här eller?"

[skratt]

Johan: "Vart har ni alla barnleksaker nånstans?"

Mathie: Ja precis!

Johan: "Och så slänger du med ett paket kondomer!"

Mathie: Åh vad otäckt att endast köpa en Barbietidning och en jävla massa kondomer.

[skratt]

Woolke: En lakritspipa och ett paket Profil.

Mathie: Den är konstig!

Johan: Snuskgubben!

Woolke: En porrtidning och ett paket kondomer, det är inte bra.

~ Fantastiskt Fakta ~
Under en period på drygt 1,5 år såg Johan en Sagan Om Ringen-film om dagen.

Horplatser.

Johan: Ni vet i filmer när horor kommer fram om frågar om man vill ha "some good time". Har det hänt er någon gång?

Mathie: Nä..

Woolke: Rosenlund här i Göteborg, den där gatan vi har skämtat om ibland vet ni?

Mathie: Kom det fram nån till dig? Eller erbjöd de dig jobb?

Woolke: Nä, det har de faktiskt inte gjort. Men jag har ju sett de stå och vingla där.

Johan: Ja okej, men är du hundra på att de är horor då eller?

Woolke: Ja. Det är de. Har man röda lackskor som går upp till fittan så...

[skratt]

Mathie: Malmskillnadsgatan är ju klassisk men var finns närmaste horplatsen?

Johan: Alltså jag googlar det, "Kristinehamn" och "horor" skriver jag här nu. Det kommer upp, *"Knulla nu diskret vid riksväg 26 Kristinehamn.."*

Mathie: Oj.

Woolke: Står de det?

[skratt]

Johan: Ja det gör det! *"Nån från Kristinehamn eller Gullspång som vill plocka upp mig i sin bil och bli påsatt direkt i skogen?"*

Mathie: Det är bara killar som har skrivit.

Johan: "Kille söker kille" är det.

Mathie: Oj!

Johan: Ja, det är ju inte "tjej söker kille".

Mathie: Nej, det existerar inte.

Johan: Nej, det är bara grabbar.. De får knulla med varandra.

Mathie: "Nån som vill upp i mitt rövhål bakom McDonalds i Kristinehamn?"

Johan: "Någon kvinna som vill?"

Mathie: Intressant val av yrke det där.

Johan: Men "Knulla mig diskret nu," med stora bokstäver, "vid riksväg 26, Kristinehamn.." Den är desperat!

Woolke: Ja det är den.

Mathie: Ska man leta hela riksvägen då eller vart är det?

Johan: Vänta, vad står det här.. *"Nån kåt passiv som vill plocka upp mig och bli knullad? Är vid Nybblemacken i Nybble."*

[skratt]

Johan: Mellan Kristinehamn och Gullspång. *"Kan ses nu, diskret."*

Mathie: Oj! Det är ju inte svårt att ta rätt person där för det står ju bara en person där.

[skratt]

Johan: Ja, det finns bara en!

Mathie: "Är det du som är Nybblehoran eller?"

[skratt]

Johan: Allt är tillåtet!

Mathie: "Jag har en glasskiva du kan skita på."

[skratt]

Woolke: När var det här?

Johan: Oj, det här skrevs ganska nyligen..

Johan: Hon kanske står kvar där och väntar..

Mathie: Ja precis, hon har beställt en kôrv.

[skratt]

~ Sagt Om TFK ~

"Jag fattar inte alla dom fina recensionerna. Detta är verkligen jättekiss! Men visst.. Om jag hade varit 6-10 år gammal så kanske det funkat"

- iTunes-recension

Klösarn.

Woolke: Det ser ut som att det har ramlat ut en bit ur pungen på min katt..

Mathie: Vad i helvete har du gjort?

Woolke: Han är där och slickar hela tiden.

Mathie: Katten med guldbyxorna..

Johan: Varför har han tappat pungkulan Woolke?

Woolke: Jag vet inte vad som har hänt, jag tror den andra katten har klöst honom.

[skratt]

Woolke: ..och den andra katten hotar honom hela tiden, så vi måste stänga ut han från rummet.

Mathie: Vadå hotar?

[skratt]

Mathie: "Ska jag ta bort andra pungen för dig din jävla horunge?

Woolke: När han kommer in så hyttar han åt den punglösa.

[skratt]

Johan: Åh fy fan! Jag tänker mig så här. Han vaknade och bara drog ett snitt på pungen så pungkulan åkte ut.. "Så ja, kom fan inte in här en gång till!"

[skratt]

Johan: "..då ryker pungkulan på dig!"

Mathie: Det är förjävligt. Katter är så snälla mot varann! Det är antingen "här får du ett djupt jack i örat, eller så "nu tuggar jag av din svans", eller "jag ska dra sönder pungen på dig din jävla fitta!"

[skratt]

Mathie: De är nästan värre än apor de där jävlarna.

Johan: Ja jävlar vilka svin de är.

Mathie: Ja men det är lugnt, de har bara bott tillsammans i tre år.

[skratt]

Mathie: Jävla idioter! Jävla fängelseregler..

[skratt]

Woolke: Han är så rädd, han som har tappat pungen..

[skratt]

Mathie: Vad konstigt!

Woolke: Springer under sängen hela tiden..

Mathie: Skulle du visa pungen för någon som tidigare snittat upp den?

Woolke: Nej.

Tack!

Vi vill rikta ett stort tack till alla gamla och nya lyssnare av
Tack För Kaffet Podcast.

Kör så länge det är kul!